阅读成就思想……

Read to Achieve

用脑拿订单

改变销售思维的28个微习惯

[美] **马克·亨特**
(Mark Hunter)
著

张瀚文
译

中国人民大学出版社
·北京·

图书在版编目（CIP）数据

用脑拿订单：改变销售思维的28个微习惯 /（美）马克·亨特（Mark Hunter）著；张瀚文译. -- 北京：中国人民大学出版社，2023.3
书名原文：A Mind for Sales: Daily Habits and Practical Strategies for Sales Success
ISBN 978-7-300-31309-2

Ⅰ. ①用… Ⅱ. ①马… ②张… Ⅲ. ①销售-方法 Ⅳ. ①F713.3

中国国家版本馆CIP数据核字(2023)第031316号

用脑拿订单：改变销售思维的28个微习惯
［美］马克·亨特（Mark Hunter） 著
张瀚文 译
YONG NAO NA DINGDAN : GAIBIAN XIAOSHOU SIWEI DE 28 GE WEIXIGUAN

出版发行	中国人民大学出版社			
社　　址	北京中关村大街31号		邮政编码	100080
电　　话	010-62511242（总编室）		010-62511770（质管部）	
	010-82501766（邮购部）		010-62514148（门市部）	
	010-62515195（发行公司）		010-62515275（盗版举报）	
网　　址	http://www.crup.com.cn			
经　　销	新华书店			
印　　刷	天津中印联印务有限公司			
规　　格	148mm×210mm　32开本		版　次	2023年3月第1版
印　　张	7　插页1		印　次	2023年3月第1次印刷
字　　数	117 000		定　价	65.00元

版权所有　　侵权必究　　印装差错　　负责调换

本书赞誉

质量胜于数量。《用脑拿订单》一书有许多实用的策略，可助你通达巅峰时刻，获得超越想象的成就。

吉尔·康耐斯（Jill Konrath）《极速成交》（*More Sales, Less Time*）和《客户太忙如何卖》（*SNAP Selling*）作者、演说家

《用脑拿订单》是一部令人耳目一新的作品，干货满满。正如马克所强调的，态度是销售成功的根本：有了正确的态度，一线销售人员就更容易掌握那些必备的技能，控制项目的节奏，并且通过积累专业知识持续扩展他们的商业版图。我非常喜欢书中所强调的一项事实，即技术和技巧并不是万能的，更不会让你直接扭转销售额下降的颓势。但是，学习马克的理念并将其付诸实践，这会让你有所收获！

乔纳森·法灵顿（Jonathan Farrington） JF孵化器、顶级销售世界、《顶级销售杂志》（*Top Sales Magazine*）首席执行官

用脑拿订单 / 改变销售思维的 28 个微习惯
A Mind for Sales

每个人都可以是销售人员，但大多数人苦于不知道该如何去做。《用脑拿订单》一书给出了答案！马克向大家展示了如何通过有效的流程体系更好地推广我们的产品和服务，最大程度地发挥影响力。

玛丽·C. 凯利（Mary C. Kelly） 美国海军（退役）指挥官、生产力领导者组织首席执行官

马克·亨特将其聪慧才智注入了《用脑拿订单》一书，直接切中了 1% 最顶尖销售成功的核心——作为销售专家的你，是赢得项目的最重要的因素。你比世界上所有的产品、技术都更加重要，这本书用逻辑严谨、简单实用的方法建议，让你发挥最重要的能量——你的心智力量，不仅要实现更多销售，而且要享受销售的过程。每一位销售人员都应该阅读这本书！

詹姆士·穆尔（James Muir） 最佳实践国际组织首席执行官、《完美结束：销售完结秘诀》（*The Perfect Close*）作者

每个人都知道，思维方式是销售过程中的关键因素，但你很少能找到一位专家或者一本书来告诉你如何建立和强化思维方式。马克·亨特所撰写的《用脑拿订单》一书独树一帜，其中介绍的强大的方法超越了传统的销售技能，为你提供了重要的销售策略，这将使你的团队更上一层楼。

梅里迪思·埃利奥特·鲍威尔（Meridith Elliott Powell） MotionFirst 公司总裁

本书赞誉

《用脑拿订单》一书涵盖了销售过程中你应该牢记和执行的所有项目,这将让你保持巅峰状态。不管是对于刚踏入销售行业的菜鸟,还是希望与客户保持长期合作的老手来说,这都是一本必读书。如果想要立刻提高销售收入,这本书就是你的门票。最重要的是,它出自世界上最顶尖的销售思想领袖之一——马克·亨特之手。

罗恩·卡尔(Ron Karr)《销售领导力》(Lead, Sell, or Get Out of the Way)作者

第9章开门见山地告诉了你为什么应该读《用脑拿订单》一书——成为别人看重的与众不同的人。这样做时,你的世界就会发生改变。世界需要解决问题的人、与众不同的人,以及积极主动创造机会的人。这本书将使你成为这样的人。

吉姆·凯斯卡特(Jim Cathcart)《权力时刻》(The Power Minute)作者、Cathcart.com创始人

马克·亨特所著的《用脑拿订单》一书,其发人深省之处在于,它能够认识到擅长销售并不意味着要掌握最新的客户关系管理工具、获得更有成效的销售渠道,甚至不是完善你的推销。虽然这些东西肯定会有所帮助,但最重要的是拥有正确的思维方式。如果你是一名严谨严肃的销售人员,那么你可能已经花了很多时间在这些工具上。现在,是时候纠正你的思维方式了。这本书将帮助你做到这一点。

保罗·史密斯（Paul Smith）《销售就是卖故事》（*Sell with a Story*）和《伟大领袖讲的10个故事》（*The 10 Stories Great Leaders Tell*）作者

《用脑拿订单》是一本基于现实的书，与日常销售工作息息相关。销售的成功源自每一位销售专家自身。马克一针见血地指出，销售是一种生活方式。销售人员应该是领导者。这本书用循循善诱的方式引导你建立并发展销售思维，同时帮助你走向销售的辉煌之路。

拉里·莱文（Larry Levine）《从内心出发的销售》（*Selling from the Heart*）作者

推荐序

每个人都拥有的最有价值的资产,就是两耳之间的那六英寸[①]的充满智慧的宝物——大脑。对于绝大多数人来说,那里充盈着皱褶状的粉灰色物质。随着时间的推移,大脑会受到各种各样的影响,比如消极的信念和负面的想法。同时,我们还会为自己寻找各种借口,使得我们不能成为最好的自己。有时候我们所从事的工作需要我们去尝试做一些极具挑战性的事情,特别是在商业环境的竞争中,我们遭受挫折的概率会变得更高,而心态与思维方式是取得成功的关键因素。因此,心态和思维方式也是我们最大的潜在资产。

在我的第一本书中,我提到了一个关于销售成功的公式。这是我草草写下的等式:思维+技能+工具包=销售

[①] 1英寸=2.54厘米。——译者注

成功。一位好心的读者在推特上说我的数学能力欠佳，他认为，完整的等式是（技能＋工具包）× 思维 ＝ 销售成功。读者是对的：思维不是添加剂，可有可无，思维是一个乘数。而销售头脑是一个倍增器，它所形成的理念创造并保持了一种不屈不挠的思维模式，这是成功销售所必需的。

以下是阅读本书并采取行动的原因。在过去的15年里，那些在销售行业发展中说三道四的"专家"过分强调通过使用新的销售工具来提升业绩。当然，工具必不可少（即上述等式的一部分），但它们提供的是效率，而非有效性。在你的工具包里，没有哪种工具能够激励你去奋发图强，也没有哪种工具能让客户愿意与你而不是你的竞争对手合作。在我们现在所处的世界里，你就是产生差异化的价值源泉，你为目标客户实现他们的价值主张，没有什么工具或技巧可以取代你。

在工具论盛行之际，吸引许多销售人员的时间和注意力的还有另一些"专家"的观点，他们认为客户关系在销售中不再重要。我无法想象这个观念——除了在事务性销售中，这尚有可能。但是在销售的努力过程中，我们要帮助人们做出改变，使他们离开当下的舒适圈，迎接更敞亮的未来。凭什么说销售能脱离人与人之间的关系而存在？销售是一种以他人目标为导向的努力过程，而不是50年前借助巧妙的言语向客户推销产品的那套做法。亨特反对这个

推荐序

观点,认为这些所谓的专家根本不懂什么是优秀的销售人员:他们不仅被人们所了解、喜欢和信任,还为客户创造了真正的价值。

通过认真阅读本书,你会发现销售实践中其他的基本信念,这些信念会让你在销售方面取得更大的成功。这些信念的指向更多地在于你是谁,而非你所做的工作。此外,诚实是销售的基石。本书会鼓励你建立起自己的方法体系,帮助客户取得更理想的结果——甚至是他们自己都意想不到的结果。

假如你正在寻找一套行之有效的销售工具,那在此之前请先确保你拥有坚定的信念并以之为基础,也就是亨特在本书中的建议——这将保证你所采取的行动方向不偏不倚。

机缘巧合让我读到本书,在我读完后发现,这正是我期望从我的朋友马克·亨特那里得到的内容。我回想起我们在同一个平台上进行的多次演讲,我意识到我永远能在他的演讲中感受到一种心态,一种异常的专注。他在书中写道:"销售是一种体现领导力的才能,优秀的领导者都是很棒的销售员。"这句话不仅正确,而且是我们阅读本书的起点。心态直接影响你的领导力水平,同时你还会感受到,在战略层面保持销售的头脑与思维方式是如此重要。

在结束对本书的赞誉之前,我不得不提及书中提到的周一理论。本书在第一部分用相当大的篇幅介绍如何通过计划来提高效率：从周日开始设计周一，从而为迎接成功的一周奠定基础。以这样积极而欢快的心态开始新的一周，将会改变你和你所从事的每件事的结果。

安东尼·伊安纳里诺（Anthony Lannarino）
《瞄准他们的盘子：从竞争中赢得客户》（*Eat Their Lunch: Winning Customers Away fron Your Competition*）一书作者

自　序
误打误撞进入销售行业

当你听说有人被称为"销售猎人"（"hunter"有猎人之意），甚至把这个名字注册为商标时，你可能会联想到两件事：第一，这个人真的很喜欢销售；第二，我想知道他在把姓氏改成亨特（Hunter）之前叫什么？不论你相信与否，但亨特是我真正的姓。这实在要感谢我的父母！现在你会想，亨特这个名字是我从事销售的原因吗？虽然我热爱探索，热爱寻找新客户，但事实绝非如此！销售并非我想从事的职业。实际上，我的理想工作是做广告。在大学时期，我竭尽所能地选修广告与市场营销方面的所有课程。毕业时，我打算开始我的使命，把麦迪逊大道（美国广告业的中心）作为我的家。

我距离梦想中的工作有多近？事实上，我的梦想从未有过实现的可能！在大学四年级快结束的时候，我的职业规划改变了。改变我人生道路的不是我的成绩，也不是了不起的实习经历。导致这一变化的缘由是我与西雅图警察局的一次交涉。西雅图警察局会统计你所有的罚单，在签署这些单据的时候，还会与你进行一些不愉快的对话。我在大约八周的时间里拿到了四张罚单，别担心，没有人受到伤害，只是我忽视了交通限速和一些我认为不会涉及我的规则。

当你还在大学时，你往往不会太在意自己的行为，把它归于生活小节，这就是我的态度。我缴纳罚款后就将此事抛诸脑后。但问题是，我的保险公司记录了这些生活的小节。几个月后，我收到一封邮件，是一封私人"邀请"。它提示我保险公司对我的特别优惠——我将进入它们的高风险池——现在我的新保险费比我开的那辆车的价值还要高。

在这一点上，作为一个聪明的缺乏生活经验的大学毕业生，我知道我必须做什么。我可以找到一份更好的工作，薪水是现在的两倍；或者我可以找到一份工作，为我提供一辆汽车。没过多久，我就意识到找到一份收入翻番的工作是不可能的。排除了这个选择，只剩下了找一份能给我提供一辆车的工作——那就是销售工作。

所以，这就是马克·亨特踏入销售领域的原因——不是出于选择，而是由于我的驾驶技术和西雅图警察局的"帮忙"。讽刺的是，这些交通罚单以一种积极的方式改变了我

自 序

的未来。多亏了这些罚单,它们为我打开的大门远胜过当年为家具店所写的文案,说实话,那活计实在是很糟糕。

假如说因为我的姓氏是亨特就可以大显身手,那你就大错特错了。我的第一份销售工作可能达到了给我"四个轮子"的目标,但仅此而已。那份工作我干了一年就被解雇了。现在回想起来,我应该被解雇,因为我完全不知道自己在干什么。随着我自信心的恢复以及对汽车的迫切需求,我找到了另一份销售工作。我确信这第二份工作会很成功。哇,这又是一个糟糕的假设!我一共干了九个月。是的,我真的是一夜成名——不是在销售方面,而只在找到一份与汽车有关的工作上。

后来,我有了第三份销售工作,这份工作终于使我对销售是什么产生了概念和理解。在前两份工作中,我专注于免费的汽车和所挣的钱,我仅仅把客户看作实现赚钱目标的工具。是的,早在我知道"佣金至上主义"是什么之前,我就对此有了坚定的执念。但是第三次,我开始把销售看成有关顾客的事情。很快,结果就出来了:我越关注客户,就越成功。我回顾过去,为什么我花了这么长的时间才形成销售最基本的概念?我在销售早期的失败,纯粹是因为我不理解销售的全部意义——人。也许你比我理解得更快。

在我的前两份销售工作中,我专注于自己,一切都是为了赚钱,因为那是我认为我需要的。我生命中那个时期的状态是，越关注自己，我就变得越不自在，结果是信心归零。这就是我所说的心灵的悸动——我们默许心灵一遍又一遍地告诫。倾听这个声音，我们脑海中声音的信号就会被持续放大，直到它成为我们唯一能听到的声音。这就是我所走过的路。除非我改变内心的声音，否则我很快就会因为找不到工作而没有车了。

从以自我为中心到以客户为中心的转变不是一夜之间发生的。朋友们，一开始它只是一盏幽暗的夜灯。随着时间的推移，光变得越来越亮。伴随我取得更多的成功，它终于大放光明直至耀眼。销售不是目的，而只是一段旅程，我终于意识到这段旅程的全部意义在于帮助客户。

今天，销售是我的生命。它已经不再是一份工作了，我甚至不再把销售视为一种职业，这是一种生活方式，也是我为之自豪的生活方式。我无法想象自己还能从事别的工作。我很感谢那辆丰田花冠两厢型汽车，带着我疾驰在西雅图的街道。假如没有那些超速罚单，我就不会写这本书。书中谈及的设想和技巧——为我创造出销售价值的方式和方法，也能为你的销售旅程助力。

CONTENTS 目 录

第一部分
思维决定命运

第 1 章　周一：销售的日子　//3

第 2 章　周一的使命　//9

第 3 章　一切取决于你自己　//17

第 4 章　销售即领导力，领导力即销售　//27

第 5 章　销售不仅是你的工作，更是你的生活方式　//31

第 6 章　年度目标只是一个起点　//39

第 7 章　销售不是取悦客户　//51

第 8 章　先销售，再谈判　//57

第 9 章　用差异化创造价值　//63

第 10 章　热情的销售，客户的期待　//73

第二部分

你最重要的资产

第 11 章　你最重要的三项资产：时间、思想和人脉　// 81

第 12 章　保持时间上的自律　// 85

第 13 章　思维需要锻炼　// 91

第 14 章　人脉是最好的投资标的　// 95

第 15 章　销售是一项团队运动　// 103

第三部分

雷区与思维陷阱

第 16 章　应用程序不应控制你，你应该掌控它们　// 117

第 17 章　社交型销售——既不是社交，也不是销售　// 123

第 18 章　关于客户关系管理系统　// 129

第 19 章　营销不会带来商机　// 135

第 20 章　销售之道在于质量而非数量　// 141

第 21 章　销售管道应该是水龙头，不是下水道　// 147

第四部分

不要被客户牵着走

第 22 章　快速销售等于过程简化　// 155

第 23 章　一针见血地提问　// 161

第 24 章　听到"不"的价值　// 167

第 25 章　不一样的客户　// 175

| **第五部分**

销售的未来

／

第 26 章　完成交易，开启新的关系　// 185

第 27 章　下一代销售　// 189

第 28 章　对销售的思考　// 195

关于作者　// 201

第一部分

思维决定命运

正确地把握机会,而非挑选正确的机会。

——马克·亨特

第1章 •••
周一：销售的日子

> 杰出的人都有一个共同点：绝对的使命感。
>
> ——金克拉（Zig Ziglar）

周日的晚上，我难以入眠，凌晨5点15分便已醒来。到6点半，我已经冲完凉，开了40分钟的车赶去公司，然后在我的办公桌前开启一周的工作。我十分清晰地记得那些日子。我在纽约市郊的一个销售岗位上工作，工作压力很大，但我珍惜每一分钟。几年来，我已经进入了一个相对成功的职业期。销售在刚开始时对我来说是一场噩梦，现在却已变成了我的梦想——我甚至还进行了多次跨国销售。虽然销售的道路仍然充满荆棘，但我却为每一次电话或者是直接的销售活动感到兴奋不已。

当你 27 岁的时候，能在凌晨 5 点 15 就自然醒来确实很少见。在和朋友们的交谈中，我会提到周一早上的兴奋。他们看着我，怀疑我的精神是否出现了问题，是否需要药物治疗，或者是否应该少嗑药。回首往事时我也常常会觉得不可思议，因为现在我每天早上 4 点半就起床了。我不仅热爱周一，而且热爱每一天，因为这一天中会有许多机会等着我。培养销售的好心态应当从如何开启一周中的第一天着手。

毫无疑问，周一是一周中最具活力的一天。在西方国家，周一是一周的第一个工作日。每个周一你都可以做出选择如何度过这一周。因为你对待周一的方式是一个缩影，直接反映出你将如何对待这一周剩下的时间。对一些人来说，这一天是让事情立即进入高速运转的日子，而对另一些人来说，这一天是起跑前的慢跑和热身。

你会如何利用周一？这一天是为一周做准备的一天，还是把每件事都做好的一天？在本书中，你会发现我的直言不讳。下面是我的第一个直言不讳的声明：

你希望利用周一把事情安排得井井有条，
但是我知道这只是你缺乏直面客户的勇气的一个借口。

不要找这种蹩脚的借口！假如你认为客户基本上都不想

和你交流，那索性在周一休假吧，让你的竞争对手掌控大局。事实上，有很多客户愿意在周一甚至周一早上与你交流。造成周一萎靡不振很重要的原因源自一个错误的假设：你认为其他人的想法和你一样。事实上，仅仅是你认为现在或许不是接触客户的好时机，这并不意味着客户也会这么想。

周一（尤其是周一上午）是接触现有客户或开展后续电话联络的最佳时间。通过在周一早上主动联系别人，你就会成为那种会说"我关心你，想尽早帮助你"的人。多年来，我一直把周一早上作为跟进客户的时间，实际上因为我与客户之间热忱的交流而产生的销售额通常都大得惊人。

你们中的有些人已经对我感到不满了，认为我因过于偏执而忽视了将事情安排得井然有序的重要性。其实不然，我确实看重有条有理。问题是有太多的销售人员在这方面花费了大量时间，显得自己十分忙碌，然而工作效率真的提高了吗？你准备好听我下一个直率的评论了吗？

<u>把事情安排得井井有条从来都不是你最重要的任务。</u>

你要做的最有成效的工作就是"面对客户"。你花在与客户交流（无论是当面交流、打电话、发电子邮件还是发短

信）上的时间，我相信是最重要且最有效的。正是由于其重要性，在周一早上进行这项活动才尤其显得有意义。

还有一个原因使我喜欢周一。我在周一做的第一件事就是拿起电话：这能让我有一个好的开端，从而塑造我美好的一天，甚至是一周。我们都有过这样的经历：懒散让我们感觉到提不起精神，就像是一辆怠速过久的汽车——我们发现自己仍处在周末的休息状态，不知不觉中，时间便流走了。你每天是否都会出现这种懒散状态？除非你的雇主也是这样，否则你将难以解释自己为什么没有产生业绩——这是雇主支付你薪水的唯一理由。当我在周一早上打电话的时候，不管是跟进一个潜在客户，还是为现有客户处理一些事情，它都能让我兴奋到不可思议！销售是为了帮助别人。当我在周一早上这样做的时候，它会在一天内剩下的时间，甚至一周内持续激励我。

你知道如何让周一成为你最好的一天吗？除了直接撸起袖子加油干以外，你还需要做的就是为自己设定几个能简单实现的小目标。我喜欢这个方法，经常以之作为开启高效的一天的方法之一。小心不要把目标定得太高以至于你难以完成，这样不但不会起到激励效果，反而会使自己泄气，自信心受到打击；反过来，如果你设定了目标，并能自信地去实现，你就会得到充足的动力以开展后续工作。

设定周一早晨的目标是如此简单，以至于许多人觉得这根本就无足挂齿。然而，每当我分享这个想法后，得到的反馈都会让我震惊。几年前，我在马林工业公司的全美销售会议上发言。公司不仅在周一设定目标，甚至还为它起了一个特殊的名字——"比萨目标"。"比萨目标"的概念来自克里斯·法利（Chris Farley）、大卫·斯佩德（David Spade）等人主演的电影《乌龙兄弟》(Tommy Boy)。我认为它是有史以来最卖座的电影之一。电影中有一个场景，主角汤米试图说服餐厅服务员为他准备鸡翅，尽管厨房已经关门了。如果你看过这部电影，可能现在嘴角已露出了微笑。剧中克里斯·法利扮演的主人公最终成功地得到了鸡翅。为什么呢？因为汤米的自信，他坚信他总是可以得到他想要的。这个场景的寓意是比萨给了他信心。对于马林工业公司来说，公司希望销售人员在周一有一个容易实现的目标，以帮助他们树立起信心，让他们自信地确定，自己会更有动力去度过一个高效的周一，这也更有可能是开启高效的一周的序幕。

为周一制定比萨目标的另一个好处是提醒自己：周一将成为一周中最好的一天。当用这种态度开启一周时，我们会惊奇地发现情况会一天天变好。假如你仍然质疑这一点，设想一个棒球队的头几个击球手上垒时，球队会做何表现；或者想想孩子在刚学走路迈出头几步时他脸上的微笑。激励引发信心，信心催生动力，动力营造气势，气势成就目标（见图1–1）。

图 1–1　激励产生的强大力量（成功的飞轮）

我把激励产生的强大力量称为"成功的飞轮"。一旦让轮子转动起来，惯性就会产生，你所能达到的速度将趋于无限！

生活就是遵循着这样的规律，但问题在于，并没有多少人意识到这一点。想想它们是如何相互影响的——人不可能越过最初的激励，直达最终的目标。或者，没有受到任何激励便变得自信满满，动力十足地达成了目标。每个人都在成功的道路上前行，只是许多人没有意识到而已。而那些认识到这条规律的人则更有可能达成目标。从明天开始的每一个早晨，你都要推动飞轮朝着成功的目标滚动。轮子转动会时快时慢，你所要做的就是确保它不停止转动。

第 2 章

周一的使命

你反复在做的事造就了现在的你。卓越不是一种行为,而是一种习惯。

——威尔·杜兰特(Will Durant)

实际上,新的一周并是不从周一开始的。你如何利用周末将决定你周一会是怎样的状态,而周一的表现将决定你这一周的表现。我喜欢说,"明天从今天开始"。

永远不要让一天在不知道明天要做什么的情况下结束,尤其是周日或周一。你计划为周一准备什么?这是一个我很喜欢提出的问题。人们的反应各种各样,从一脸茫然到认真思索。中西部实验室(Midwest Laboratories)的首席客户体验官达娜·伯基(Dana Burkey)给出过最好的回答。她的方法简单而有效：她在周日列出两份清单来安排自己的时间。首先，在执行计划时，她列出了哪些是最紧急的、需要立即着手展开的工作；其次，她列出了自己这周的重大事件。她知道，如果不在重要的事情上花时间仔细考虑，她将不会取得长足的进展，因为公司的紧急需求将占据她100%的时间。做计划和对重大事件的关注使她与众不同。

我们正在探讨为周一做好准备，并把周日和周一看作神奇的一天，但对于很多人来说并非如此。我们所不能忽视的客观现实是——无所不在的压力。对很多人来说，周末尤其是周日晚上，预感到又要开始新的一周是很有压力的，原因各有不同。我从每天共事的销售人员和商业领袖那里听到过你所能想到的各种原因。让我和你分享一些关于谁是周末最容易感受到压力的人（受教育程度高的人）的研究！根据汉堡大学的沃尔夫冈·梅尼格（Wolfgang Maennig）对德国工人的一项研究，"受教育程度较低的人周末不太容易焦虑"。好吧，这让我对自己的受教育程度感到满意。你可能只关注一些数据便已感到紧张了。

不管压力的根源是什么，我们认为大多数压力都是自我诱发的，这取决于我们如何应对周围发生的事情。我不能控制我的环境，因此只能控制自己尽可能不受它的影响——因为应对这种压力纯粹是浪费精力。我们的精力需要集中在我们能够控制的事情上：制订工作计划，并执行工作计划；对我们所做的事情保持足够的信心，关注我们给别人带来的影响。成功不是找到的，而是计划出来的，这要从我们如何计划一周开始。

<u>你不可能回到上一周重新开始，所以唯一的选择就是充分利用接下来的一周。</u>

你的目标是让周一实现成功，这要从周日的计划开始。为了帮助你做到这一点，让我告诉你抓住一周时间的 10 项指导方针。

管理一周的 10 项指导方针

周日

1. 确切地知道你希望达成哪些目标，这些目标如何实现，以及你所做的事情如何契合长期目标。周一不是用来思考一周要做什么的日子，如果你等到周一再思考，就太晚了。你不能浪费 20% 的时间来做准备、做计划。注意，我还提到了方法的重要性，你需要知道如何完成你设定的目标，它关系到你设定的长期目标。你必须时刻牢记季度目标、年度目标，甚至是更长期的目标。如果你现在正在进行的事情不能让你更接近长期目标，那么你应该质疑为什么要在这方面浪费时间。

2. 在日历上用特定的时间块标识出特定的活动。工作总是逐渐累积的，直至占据我们的所有时间。提高产出的方法之一是划分出一个个时间块，将每项工作的时长加以限定。许多绩效出众的人都会使用这种方法，对你当然同样有效。我经常提倡两种方法：第一种是给每项任务留出一个特定的时间段，这对同时面对多项关键任务的人来说非常适合；第二种是把你的一天划分成几个时间窗口，要求在每个时间窗口内完成某一类型的工作。这对那些每天都有大量琐碎工作的人来说非常有效。销售人员更倾向于使用第二种方法，管理人员则更常使用第一种方法。坚持这种实践方式，你会发现自己有能力腾挪出更多的空闲时间。你可以用这些时间去思考、关注新的项目。

3. 在上午10点前安排3～5通电话，确保你正专注于你最擅长的事情（销售）上。电话可能是打给正准备下单的现有客户，抑或问候刚在公司担任新职务的联系人，你也可以给上周联系的潜在客户拨去后续的跟进电话。关键在于，要通过电话与他人交流。我们在周一越早启动这项工作，便会越早得到结果。假如你的工作主要是通过打电话完成的，那从一开始便全身心地投入其中，从那位最值得跟进的潜在客户入手。

4. 切勿将周一的时间用在安排上。这是一项在上周结束时或周末要做的工作。难道要在周一才开始整理计划工作？如果是这样，你是在向大脑传递这样的信号：这周一不用着急，可以慢慢开始。对不起，你没有理由这么做！如果周一就踩下油门，那么在整整一周内你都会动力十足。没有什么比整理计划更耗费时间的了。我曾见过太多的销售人员花在整理计划上的时间比其他任何活动都多。

周一的早晨

5. 用 10 分钟的回顾开启这一天：上周取得了哪些成功？这周要完成哪些目标？保持积极的心态会让你的大脑以最佳的方式思考问题。很多时候，我们会发现自己在某些事情上耗费了数日甚至数周，而这些事情却并没有按照我们的设想发展。解决之道在于专注于事情积极的一面，摒弃消极的部分。没有比回想上周那些成功的时刻更好的方法来激励大脑了，不论它们如何微不足道。

6. 再用 10 分钟让自己静下心来，沉思冥想，让自己排除纷繁琐事，专注于终极目标。想想你是谁，想想你应该感谢的那些人，想想你所拥有的最大资产，也就是你自己。无论是在精神上、身体上还是情感上，你都应该处于最佳状态。销售与其说是一场体能竞技，不如说是一场心理游戏。这 10 分钟的独处是对自己最好的投资。

7. 在一天的头两个小时里，有意识地安排时间去向几个人表达感谢之情。每天我们都会遇到很多人，少则三五个，多到上百个。他们每个人都有值得我们尊敬之处。当我们花时间向他们表达谢意时，不仅会影响他们的生活，也会影响我们自己。本书的读者可能身处偏僻的地区，但你仍可以借助电子邮件、短信和其他远程方式向遥远的对方传递感谢之情。甚至，你可以向早晨为你递咖啡的服务员以及与你擦肩而过的人传递友善的问候。

8. 每天早上进行锻炼，照顾好自己的身体。你很清楚自己需要哪些锻炼，但对我来说，如果时间允许，15 分钟的锻炼是最有效的——提高心率，刺激血液循环并提高血氧含量。直言不讳地说：只有碌碌无为的人才会忽略自己身体的健康！

9. 解决一件最棘手的事，就是挪开阻挡在前进道路上的拦路石。许多时间被白白耗费在了担忧和思考上：如何着手处理这些棘手的大问题。布赖恩·特蕾西（Brian Tracy）有一句名言："如果你每天早上做的第一件事是生吞下一只活青蛙，那么你可以放心地度过这一天，因为你知道这是今天会发生的最糟糕的事情！"首先解决最棘手的事情，这可以帮助你厘清思路。我一直很喜欢这种方法。令人惊讶的是，人们通常会浪费许多时间对某件事做无谓的焦虑，而不是直接开始行动。

10. 在周一远离社交媒体！社交媒体已经是当今生产力的最大阻力。花两分钟查看 Facebook 或领英的念头根本是自欺欺人：两分钟很快变成了 20 分钟。20 分钟后，你的大脑就充满了各种无用的东西，你看到别人在做什么，同时设想自己是否也可以依葫芦画瓢……社交媒体是很不错的工具，但不要在周一早上耗费时间在那里流连忘返，这会大大影响你的生产力。

你已经知道了"让周一变得美好的 10 件事"，你可能认为同样的这 10 件事在一周的其他任何一天也都会起作用。没错！但为什么我们不可以让周一变得美好从而开启一周的工作呢？千里之行，始于足下。

第 3 章

一切取决于你自己

先领导自己,才能领导别人。

——马克·亨特

"疯狂"的定义是什么?你试想一名新入行的销售人员在拜访两个客户期间需要驱车 100 英里[①]是怎样的体验。几年前,在第二家最终解雇我的公司工作时,我负责的区域是俄勒冈州东部。俄勒冈州占地 4 万平方英里,比其他 15 个州都大。这意味着一件事——我每天有很多时间要面对着汽车的挡风玻璃,往往每天要有数个小时。在这种情况下,我成了对着挡风玻璃就能侃侃而谈的话匣子。事实上盯着挡风玻璃那么长时间,注意力是很容易涣散的。我非常清楚地记

[①] 1 英里 ≈1.61 千米。——译者注

得，在开车两个小时去拜访另一位客户时，我打了一通不顺利的电话，把所有不该犯的错误全犯了一遍，接着又是一通同样糟糕的电话，下一个更是有过之而无不及……可以想象两个小时后我的精神状态如何。难怪我是个不称职的销售，甚至是美国西部最差劲的销售教练和培训讲师！

你可能从来没有过我这样的驾驶经历，但你很可能遇到过类似的情况：一个失败的电话接着另一个失败的电话，直至毁掉了一整天，我能回想起很多这样的例子。有多少次你在缺乏准备的情况下打了销售电话？如果你说"从来没有过"，你或许没说真话，或者你从来没有打过销售电话。

"排除环境噪声！不要让前面一个糟糕的结果影响了下一个！"说起来容易，要完全做到这一点是很困难的，因为思想或许是最难驾驭的领域。

<u>不能控制自己的思想是成功道路上需要克服的最大障碍。</u>

我是不是揭示了一个残酷的事实？

有很多人向我抱怨周一是多么痛苦，因为工作迫使他们要去兜售东西……这听起来很好笑。他们的情绪和理想会被环境所影响。假如有人让你到高速公路中央去玩耍，你绝不会这么做。这太愚蠢了，大脑根本不需要花费时间去处理这个想法，因为你有基本的事实判断能力。为什么大脑只需要一纳秒就能判断出在高速公路中央玩耍是极其危险的，却在一些不会伤害我们的事情上磨蹭几个小时呢？因为担心听到顾客说"不"，于是我们就变得优柔寡断、畏葸不前。你可能会说，"亨特，你这个比喻一点儿都不恰当"。是的，我知道。我只想强调一点，除非工作会给我们带来身体上的伤害，不然我们为什么要紧张呢？我们可以自主地选择如何应对周遭事物。没有人告诉我们周一要紧张，但我们都不由自主地紧张了起来，因为我们的信念不够强大。社会和周围的人都对周一感到恐慌，所以我们认为自己也应该同样恐慌。为什么要让外界条件来影响我们的思维呢？

不要任由焦虑在你脑中驻留

如何防止焦虑的树苗在脑海中长成大树？想想写在许多金融产品广告上的免责声明："过去的结果不能代表未来的表现。"我知道你肯定见过这句话，甚至多达上百遍。想方设法让它渗透进你的思维中。不要让过去发生过的事情，影响或阻碍你现在和将来要做的事情。汤姆·布雷迪（Tom Brady）是美国国家橄榄球联盟新英格兰爱国者队的四分卫，他是公认的迄今为止最优秀的橄榄球运动员。他是否就真的完美？事实上，他在许多比赛中并不顺利，经常被拦截，或是在比赛中失分。我欣赏汤姆·布雷迪这类顶尖运动员的是，他们不会让前场比赛的失策影响下一场比赛的发挥，他们对每场比赛都抱有最好的期望。这种心态是普通销售人员和优秀销售人员之间最大的区别之一。优秀的销售人员始终保持积极的心态向前，他们不会让过去发生的事情对下一个活动产生负面影响。很明显，当在俄勒冈州东部的路上开车时，我并没有达到汤姆·布雷迪的境界。

既然你我都不是汤姆·布雷迪，那么让我来分享一些有助于克服负面情绪的方法。首先，放松自己，深吸一口气，提醒自己这只是打一通销售电话。问自己这个问题："在以后的30天内，我还会记得这件事吗？"答案很可能是"不"，顾客也不会。所以，切勿过度关注一个失败的销售电话或拜访！因为它会在你头脑中播下消极的种子，这是我经常指导销售人员的一点。制作一份防止消沉的清单，避免消极的种子生根发芽。

当遇到困难时，你会倾向于去寻找同情你的人。令我惊讶的是，有很多销售人员告诉我，他们在接到一个令人失望的电话后就会停止工作。然后他们宣称自己仍保持着工作效率，因为他们转向了文书工作。还有一些人表示他们甚至会打电话给伴侣来发泄情绪。不好意思，忙于没有意义的工作，或是向伴侣抱怨不会让你得到报酬！你是靠销售赚钱的，而绝不是抱怨。这种行为只会导致销售工作更失败，更早让自己被解雇。

处理坏消息时我们要避免发泄和被动。相反，要试着联系现有的客户，持续保持跟进。在持续提供帮助的同时，你会得到他们的感激之情。当我们花时间与关系紧密的人接触并加深关系时，他们很快就会给予我们真实的回报。现在你是不是立刻又有了信心和动力呢——这都要归功于你现在的某位客户。这是我多年来一直在分享的方法，而且我每每都能收到出人意料的积极反馈。有时当我分享这个想法时，销售人员会不以为然。但现实是只要在他们遭遇到沮丧的情况后不久，他们就会发现，通过向现有的客户倾诉，可以快速提升自己的信心。

解密销售精英的成功

多年来，我一直很幸运，我能直接面对数千名不同类型的销售人员。他们中的许多人都是业内的佼佼者，业绩骄人，而另一些则刚刚起步。有一件事让我印象深刻，那就是对开始销售的惧怕，从菜鸟到老手，无论他们的销售水平如何。即便是销售精英，恐惧和犹豫也是必经之路。这让你感到惊讶吗？让我们分享一个关于销售精英的真实故事。出于对尊重隐私和保密的考虑，我们不使用她的真实姓名，用

"凯西"替代。凯西是一位功底扎实的销售精英，她的激情能鼓动身边的每一个人，无论在她的公司内部还是客户之间，甚至是其他人。她的做法甚至超越了我理论中的各项最佳实践。凯西是一个非常积极的销售人员，每天的大部分时间她都致力于帮助客户，她的声誉和成绩都可以为此作证。在与凯西和她所在的公司合作了几个月后，我认识了她，她也非常信任我。

我们谈了很多，她会坦率地分享她内心的挣扎。在这位销售精英的内心中，她非常惧怕打电话给她不认识的人。她私下里告诉我，她会花上几个小时来准备一通电话，而且总是寻找各种借口推掉公司同事的聚会。她将此归因于所谓的"轻度抑郁症"，而她的自我治疗方法就是销售，完成一笔笔交易，并且让客户喜欢上她，这是她最有效的治疗方案。

你可以想象，当我发现凯西的这个秘密时是多么震惊。她能对我如此敞开心扉，说出她之前只与丈夫分享的事，这让我深感荣幸，但这也成了我的负担，因为我的职责便是帮助她解决这道难题。

深入了解了凯西的背景之后，我发现她已经在公司工作了好几年。她加入的时候，公司拥有令人惊叹的产品线组合，以及强大的客户基础。凯西接受过系统化的培训，并得到了领导者的全力支持。所有这些都是大多数销售人员在职场开局时所不具备的——他们通常从一开始就被迫生活在弱肉强食的销售世界中。换言之,她缺乏普通销售人员所具备的单打独斗的智慧,而是要依靠市场营销部门来做好市场铺垫,让顾客做好购买准备。凯西还很幸运,她被分配到一个客户呈指数级增长的地区。她不可能不成功,因为她被命运之神眷顾,走在通往颁奖台的道路上。每个人都羡慕凯西的生活,但仍然有一个问题:凯西的轻松成功使她不再需要学习如何发掘潜在客户,以及熟练掌握从如何发现商机到最终签单的整个销售流程。

多年来,市场、行业以及她所在的领域都发生了变化——她的销售额开始下滑。她的客户数停止了增长,有些转向了别的公司。她一直指望着的重复购买,大多数也已经停止。所幸的是,她在高层待了好几年,但后来她逐渐感到无法保持自己的优势。不知从何时开始,别人对她的尊重也开始减弱。这位曾经的女强人开始担忧是否能继续自己的职业生涯。不论打电话给潜在客户,或是有着多年合作关系的忠诚客户,她都显得犹豫不决。消极的种子在她心中逐渐长成了参天大树。

在与她进行了几个月的一对一销售训练后,她和潜在客户打电话时变得从容些了,但她从来没有真正变得自信。事实上,在有其他销售人员在场的时候,她从来不敢和潜在客户打电话。建立新客户对她来说太难了。随着销售业绩继续下滑,她找到了一条简单的出路,在一轮裁员时她自愿离开了公司。我现在回想起凯西，假如她能控制自己的情绪，她会取得多大的成功！

几个月前，我与她偶遇，询问她离职后的生活如何。她开诚布公地把真实情况告诉了我：她不快乐，因为没有按照自己的方式结束销售生涯。这是一个可悲的事实，应该说这是一个值得吸取教训的案例：假如一个人长期处于犹豫和思想矛盾中，他就永远难以取得真正的成功。

生活不是中彩票。它不会有这样的情况：你在车道上发现了一辆崭新的法拉利，钥匙在里面，车上附有一张纸条，上面写着："这是你的，免费的！"生活是艰难的，它由成千上万的遭遇和机遇组成，最终结果由你所选择的道路决定。没有人能够为你塑造人生。就像你在凯西身上看到的，人们可能把她当作成功的偶像，但她自己知道这个美好的形象并不稳固。

每天你都得做决定，否则别人会替你做决定。决定是选择充满机会的美好一天，还是选择勉强应付、被动回应的一天。最后一次回到凯西的故事，她捡起了唾手可得的幸运，跳了一支美妙的舞蹈；然而，当一曲音乐结束而新的音乐开始时，便没有她什么事了。她没有做好充分的准备，她没有积极主动地掌握必需的技能。凯西志得意满地戴着自信的面具，这使她被认为是拔尖的，但这不可能持久。我很想知道她对其他销售人员有什么建议。毫无疑问，她对外的表现是积极的，但实际上她没有在工作的现实中同样积极。

你需要掌控你的思想、你的时间和你的心灵，只有这样才能长期在成功的巅峰屹立不倒。如果你想成为明天的领导者，那就从领导今天的自己着手。

第 4 章

销售即领导力，领导力即销售

> 领导权属于那些勇于接受的人。
>
> ——谢里尔·桑德伯格（Sheryl Sandberg）

回想一下：你是否遇到过一个英明的领导者，但他对销售却一窍不通；又或者是绩效顶尖的销售人员，但丝毫没有领导者的气质？我对英明领导者的定义和出类拔萃的销售员是一样的：帮助别人实现他们原来认为不可能实现的目标。认真考虑这句话，将它融入你的工作中。无论你所销售的是实实在在的产品还是服务，它们都旨在帮助客户实现某些目标。如果潜在客户不了解你，也不知道你在销售什么，你应该怎么做？你要做的不仅仅是帮助他们认识到，还要帮他们实现他们未曾企望的目标。

在谈及这一点时，我通常会引用两位名人——温斯顿·丘吉尔爵士和德怀特·艾森豪威尔将军的故事。他们在第二次世界大战中担当的重要角色有目共睹：丘吉尔身为英国首相，艾森豪威尔则是欧洲盟军的最高指挥官。他们都是在推销自己的宏伟蓝图，带领人们向目标迈进。

温斯顿·丘吉尔以其雄辩的演说术和超群的影响力闻名。他的决心和信念蕴含在他所说的每句话里。在第二次世界大战最黑暗的日子里，他仍对战争充满必胜的信心。你觉得他是领导者还是销售人员？两者都是。他在两方面都做得登峰造极、无以复加。艾森豪威尔将军启动了"霸王行动"，也就是我们今天所说的"诺曼底登陆"，它是第二次世界大战的一个重要转折点。在战斗前夕，他向即将投入战斗的部队做了极为精彩的演讲。

很明显，艾森豪威尔将军也是精于领导和销售的专家。我想这两位领导人每周一都会专注于如何发挥领导力和销售能力，致力于取得更大的胜利。这也是你的目标：影响你周围的人。我认为温斯顿·丘吉尔或艾森·豪威尔将军都会坚定自己的最终目标毫不动摇。他们知道自己的使命就是要改变世界。

今天你会影响谁？没有人能在不影响别人的情况下取得销售成功。受到影响的人越多，他们被影响的程度越深，你便可以发挥越大的销售能力，这是符合逻辑的。销售过程只是我们为了达到影响他人的真正目标而进行的一种活动。

我们大概永远也不会处在丘吉尔首相或艾森豪威尔将军那样具有巨大影响力的位置，但这并不意味着我们可以轻视自己的影响力。我们要珍惜我们每天的每一次谈话。

我在差旅中经常要借助各种交通工具。有一次，我坐在一辆优步汽车的后座上，我是这位司机开通优步账号后的第一位乘客。我是怎么知道的？因为我会问。我总是喜欢和周围的人交谈。我问："你觉得优步怎么样？"回答很有趣，这就自然地引出了更多的问题和对话。我是个销售人员，所以我的强项就是与他人交谈。司机回答说："我觉得还不错，你算是我的第一个乘客。"接下来的10分钟过得很快，我不断鼓励司机，列举优步对于他的意义，例如开优步能帮他在上大学的同时赚外快。这段对话让我们彼此都度过了一段美好的时光。

下车后，我不禁想知道那位先生在想些什么。希望我的鼓励能让他第一天开优步就拥有一个好心情。我不知道他今天在哪里，也不知道他在做什么，但我可以相信，在我们短暂的驾车旅行中，我给了他鼓励。在这个过程中，我实际上展现了我的销售能力和领导力。

当你在字典里查"销售"这个词时，你会发现很有趣的定义。以下是《韦氏词典》(*Merriam-Webster*)的解释：

<u>销售：形容词，与推销产品相关的一切。</u>

迈克·温伯格（Mike Weinberg）是我的挚友，也是《销售就这么简单》(New Sales, Simplified)的作者，他对《韦氏词典》的定义提出了不同意见。他不认为销售是形容词，而把它看成动词，一切都是关于积极主动的行为。假如不理解什么是动词，可以把它想成一种动作或一种动态。这不就是销售的全部吗？它是关于采取行动并发挥影响力的活动状态。

销售不是我们思考后才做的事情，而是我们潜意识下的一系列动作——就像发挥领导力一样。我坚信销售力就是领导力，领导力就是销售力。当我们每天早上醒来的时候，我们的目标应该是：发挥销售力和领导力。

在结束这一章之前，我必须说明一些关键的问题。如果我问你，谁是你最重要的销售教练和领导者，你会做何答复？我肯定会听到各种人名。但我要很自信地告诉你，那个人其实就是你自己。你是自己最重要的销售教练，也是你自己的领导。我在本章的最后与大家分享这一点是因为：最后阅读的内容往往会产生最大的影响力。如果我们都不能领导自己，又怎能期望去领导别人呢？如果你自己都不想买，你凭什么认为别人会买你的东西？销售与领导力不仅仅体现在语言上，它是我们做每件事的基础——不仅仅是在周一，而是在每一天。

第 5 章
销售不仅是你的工作，更是你的生活方式

你不会是一个天生的赢家，也不会是一个天生的失败者。你想把自己塑造成什么样子，你就是什么样子。

——卢·霍尔茨（Lou Holtz）

销售电话会让你感到兴奋还是疲惫？诚实回答，你更认同哪一项？让我分享一段我在周五的经历，那次我同时感受到了这两种情绪。在连续几周的巡回演讲之后，我在周五回到了办公室。可以想象我是多么地精疲力竭。当盯着待联系客户和潜在客户的清单时，我对给他们打电话实在是提不起兴趣，更多的想法是把他们晾到下周。我告诉自己说，这没什么大不了的，我的生意很好，客户们也不期待我周末打去电话。

时间飞逝，上午很快就变成了下午。我意识到如果不打这些电话，我会有所遗憾地度过今天，于是我决定只给两个客户致电。有趣的是，这两通电话让我兴奋起来了。事实上，它们让我非常激动！尽管没有成就六位数的交易，仅仅只是和两个客户通话，却激发了我的积极性。这种积极性是如此之强烈，以至于我在那天下午打完了清单上的所有电话。你可能会觉得我是个奇怪的人，不可理喻，但我生活在和你一样的世界里。说实话，那天下午并不是每通电话都很顺利，有几次我被客户直接拒绝了，但我说得越多，就越享受。每一通电话都是一个学习的机会，我很快就忘记了那些不顺利的电话。

对我来说，销售不仅是一份工作。还记得我被解雇的那两份工作吗？它们对我来说就是工作。此后，无论我打多少电话，或和多少客户交谈，销售行为都不仅是一份工作，更是一种生活方式。我认为销售是一种接触他人、影响他人的行为。这是为数不多的帮助别人的职业之一。

当你把销售看成从别人那里获取钱财的时候，那销售就是一份工作；当你把销售看成帮助别人时，销售就成了一种生活方式。

假如你整天都坐在办公室里，拨打一个又一个推销电话，你可能会对我的"销售是一种生活方式"的论点不屑一顾。你肯定在想，"好吧，亨特，请戴上耳机，让我看看你一天能否拨出150通电话，全都打给那些不欢迎你来电的人"。是的，我同意这是一种极其无聊的活计，但是我认为，撇开通话的结果如何，以及它带给你的感觉有多糟，你没有将孩子置于危险境地吧？没有人因此流血吧？没有动物受到伤害吧？都没有！你只是在打电话。放松，深呼吸，明天早上太阳还是会照常升起。现在让我更进一步地探究，你打电话寻找客户的目的是什么？你的目标是尝试推销产品。让我们再深入一点，这不仅仅是销售，它还关乎如何帮助别人。记得上一章我对销售的定义吗？它关乎帮助别人认识并实现他们原先认为不可能的事情。让我在下一条直率的评论中再说一遍：

<u>销售就是帮助别人认识并实现他们原先认为不可能实现的目标。</u>

接受这个事实，即拨打寻找潜在客户的电话确实会扰乱别人。有谁会因为你打来电话而感到高兴？我怀疑只有你的母亲会这么想。真正的观念转变恰恰始于这样的认识。忘记自己给客户带来小小的负担，你正在帮助别人看到更大的可能性！你的电话让这些公司得到了更多发展的可能性。没有

人会知道你能在多大程度上帮到他们,直到你拨通电话,去颠覆他们的现状!

你拨打的电话,即使是打给只处于商机探索阶段的客户,仍然是你在向他们提供帮助的机会。在你第一次甚至是第十次与他们接触之后,他们可能仍然不知道或看不到你的价值,但这并不意味着你不能带给他们价值。他们只是还没有意识到而已。销售就是帮助别人,销售是为了超越客户的期望,带给他们更大的价值。

今天,销售这个词更多的时候带有些许贬义,很多人会表示他们不喜欢销售人员。在他们眼中,所有的销售人员都与谎言、欺骗以及其他负能量的事情联系在一起。这让我感到匪夷所思,我心中的销售远非如此。对销售人员和客户来说,这种看法会严重妨碍双方的协作。负面的看法会慢慢渗透到销售人员的头脑中,尤其是在事情进展不顺利的时候,所以我专注于理解销售能为客户带来的关键性成果。每位销售人员都知道自己产品的特性和优点,并对其如数家珍,这些是否就是客户选择购买的根本原因?我想先略去基本的产品功能和特性,寻找每一个客户在购买时看重的真正的价值。

顾客不希望被推销任何一款产品,他们希望购买能解决他们实际问题的方案,从而帮助他们实现预期的成果。有时候,你的客户在开始采购流程之前就能预知结果。很多时候，他们所取得的成绩远远超出预期，这都要归功于你——销售人员。当你帮助别人取得更大的成就时，你怎么能不兴奋呢？你怎么能不把销售看成一份前途无量的工作呢？

首先，让我们回顾那些你曾经服务过的顾客，回顾我们的销售工作是怎样帮助客户的。厘清思路，了解销售结果的重要性后，拿起笔和纸，把所有的顾客列一个清单。在每一个名字的下方，记录客户与你达成交易后所收获的成果。其中一些成果是显而易见的，比如所实现的最基本的成效，但请尝试思考得更深入一些。在项目完成的几周，甚至几个月后，实际发生了什么？很多时候，客户直到几个月后才意识到我们所销售的产品发挥的影响力。你的目标是列出每一个客户的每一个项目所收获的成果——这些都将成为你的销售引擎的燃料。

让我来分享一个例子。我曾帮助过一个大型销售团队，针对他们即将发布的新一代软件开发新的销售策略。市场营销人员介入了，他们一贯的市场营销方案是高音喇叭式的宣传。不过，销售团队的意见并不一致：他们不喜欢那种自吹自擂的广告。我们做的第一件事就是确定客户从他们那里购买产品后取得的成果。然后，我们列出了新版本软件中蕴含的额外功能。最初，销售人员并不喜欢我的想法，他们认为这只是在重复一些过于简单的事情。但是，当我们把注意力集中在某一位顾客身上，用我的方式实践后，我们发现情况发生了很大的转变。

该客户在多个国家运营企业级业务。由于在新兴产业中进行了几次大规模收购，公司的规模有所增长。随着思考的深入，我们开始清晰地认识到这家公司的软件是如何帮助客户的。以下是客户获得的切实有效的成果。

客户的高级管理层取消了每年一次的全球会议，并利用这段时间增加客户拜访，从而发现并建立了几个新的战略合作伙伴关系。

在新软件的帮助下高速分析了行业数据，然后以较低的市盈率收购了两家新公司。如果没有高速的运作和分析，购买将会因为竞争出价而花费更长的时间。

该公司在一家知名的大学允许它们在学校的商学院共享该软件后，设立了一个新的实习岗位，从而提高了商学院申请者的素质。

该软件简化了所需的技术支持，让 IT 人员有了更多的时间和灵活性。反过来，它可以更快地诊断和解决重大问题，减少了对外部顾问的依赖。

以上只是我们发现的四项主要成果。事实上，他们总共发现了十多项。当我们开始讨论这些成果以及它们对客户的影响时，每位销售人员都全身心地投入其中，这令人惊讶。

每个人都突然开始意识到两件事：首先，他们销售的产品有很高的价值；其次，他们深信这不仅仅是在兜售产品，而是真正地在与客户合作，帮助他们取得重大业务成果。最终的结果是，推出新的升级产品不再被视为"可有可无"，而是被视为"必要的"，因为很多客户都迫切等待着他们的新产品。

当我们开始把销售看作在帮助客户继续发展事业时，我们就会不仅仅把它看成一份工作。销售不仅是一份工作，销售是一种生活方式。

第 6 章 •••
年度目标只是一个起点

永远做到最好。你未来所收获的,就是你现在种下的。

——奥格·曼迪诺(Og Mandino)

如果某件事值得去做,那它必定可以被量化。真的是这样吗?吃是一件值得做的事情,但我肯定不会量化吃下的每样食物。不是所有值得做的事情都能被量化。我见过太多的销售人员因为过度迷恋指标而陷入困境。有一次,我看到一个团队在评估每天给客户打电话的次数。我对此的评价是:"愚蠢!"仅仅因为这种行为是可以被衡量的,并不意味着你就应该这样去做。

进一步考虑一下,你进行衡量的目的是什么?我最不希望的就是你的工作被进行各种测量和评价,原因只是因为有现成的量化指标。这是我不喜欢客户关系管理（customer relationship management，CRM）系统最主要的原因。它们对你全方位地评头论足，以至于你在那些没必要的地方也浪费了大量时间和精力。

衡量标准应该是有意义的，并能助力你达成目标。这套衡量标准应该可以评估你在成功道路上的进度，衡量工作必须带来价值。假如你从事销售工作，我同意你向人力资源、财务、IT或公司其他支持部门提出要求，让他们根据你的标准来衡量、跟踪或记录他们认为有意义的工作。如果他们觉得某件事有进行衡量的必要，而你不觉得，让他们用自己的资源去做！你有更重要的事情要做。没有什么比这个问题更让我生气的了，因为让销售人员花费资源去进行自我评估是毫无意义的。当我离开公司，开启咨询业务时，我很高兴我不必再受制于无穷无尽的报告。

几乎每个星期，我都会遇到一些人，他们会问我听到过多少次客户说"不"。他们认为这是我必须记录的东西，然后得出一个总数。我通常会这样回答："差不多和问我这个问题的次数一样多。"通常这句话会让他们闭嘴。如果有人要计算从客户那里听到的"不"的次数，他们可能会对此感到很沮丧。这是目标衡量的问题——选择那些能够激励你、推动你向前的指标，而非让你陷入痛苦的东西。

归根结底，销售工作是为了帮助人们。为了能够真正做到这一点，你需要一张记分卡，这是最直接的。所有人包括我自己都有一个共同点，那就是喜欢将自己与他人进行比较。事实就是这样。当你花时间在社交媒体上时（这不是你经常做的吗），每位顶级的销售人员都希望看到自己的名字出现在销售排名报告的榜首。人们不会希望看到自己崇拜的球员在记分卡的得分落后。前 1% 的销售人员热衷于攀比记分卡，即彼此间的业绩。反过来，不喜欢攀比记分卡的都是那些在业绩表现上不怎么样的人。你越成功，你就越想领先，顶尖的销售人员会攀比一切。对他们来说，销售犹如一场比赛——一场不会结束的比赛，直到他们最终获胜。

测量关键的指标

在帮助客户提高销售业绩的过程中，我们会着重于衡量以下几点。

- 用在与客户交流上的时间占整体工作时间的比例：积极同客户联络，包括与客户当面交流、与他们在电话中谈话或通过电子邮件交流。目标是增加与客户接触的时间。
- 潜在客户转化为客户的百分比：这有助于我们了解潜在客户的质量以及销售过程的总体效率。我们的长期目标是提高这一比例。
- 将潜在客户转化为客户平均需要多少天：这是一个简单

的衡量方法，可以帮助评估销售过程和完成销售所需要的资源。周期越短，效率就越高。

- 每年来自新客户的销售百分比：这是开发新客户最真实的数据。

- 为寻找符合条件的客户而拨打的电话数量：这种测量方式没有标准可供参考，因为数值在很大程度上取决于客户基础、所销售的产品等各种因素。关键是确保数字不会出现剧烈波动——否则这就表示你遇到了问题。

- 报价行为与成交的比率：这里有几项内容需要加以注意，包括是否有报价过早的情况，或是否有不符合客户需求的报价情况。从中不仅可以看出销售人员在完成订单上的表现，而且反映出他们整个销售过程中的技巧。

- 用在行政和办公室工作上的时间占比：这个数字总是太高。这方面最完美的数字是 0%，但现实是……你知道我会说什么！我们的目标是希望这个数字始终呈下降趋势。

你是否注意到，我没有列出销售流程中的潜在客户数量或每天的销售电话数量？这些数字很容易衡量，这就是它们经常被所谓的营销大师反复提起的原因。然而，这仅仅是因为它们易于统计，并不意味着它们会带来价值。我认识许多优秀的员工，他们的潜在客户比公司里的其他人要少得多。我知道有一些表现优秀的员工每周的销售拜访次数远少于他们的同事。这些人并非特立独行，他们只是关注更重要的领域——他们知道自己需要做什么，从周一的第一件事开始，每天都持之以恒。

不要触碰重启键

周一是你朝着目标继续前进的日子，而不是让你去按重启键的日子。我完全赞成在一通失败的销售电话之后按下重启键——这就是我们要有这个按键的原因，防止你的未来被过去搅乱。在打了一通无效的销售电话后，让自己重新振作的方法就是继续打下一通电话！你可能还有什么锦囊妙计，但这确实就是全部！这叫重整旗鼓，继续向前。

许多苦苦挣扎的销售人员误以为，只要重新设定目标就会成功。问题是，他们被不断地重新设定目标消耗了时间，而忽视了销售电话中真正要做的。重新设定目标并不是应对失败的正确表现。目标是用来实现的，而不是被用来不断调整的，设法让它们变得更容易实现。

与其重新设定目标，不如重新设定进攻计划来实现它们。

如何利用时间

你如何开始一天的目标？从查看电子邮件开始吗？你们中的许多人可能会诚实回答说，"是的"。如果不同意首先查看电子邮件，那你更有可能是在翻阅社交媒体。真让人无语！你已经读到这里了，肯定读到过我的"管理一周的10项指导方针"，清单上并没有提到过你应该利用宝贵的销售时间翻阅社交媒体上的更新。

我与许多销售人员交流过，他们说每天早上都从查看社交媒体开始，这让我颇感意外。当问起为什么要这样做时，答案通常是想轻松地投入工作，或是说这是一天中唯一的空闲时间。太棒了！让我按照这个逻辑推进：一天中唯一有空的时间就是早上，所以让我把它浪费在社交媒体上吧。是时候改变你的想法了。如果你唯一的空闲时间是在早上，请用这个美好的时间去关注一天中最重要的事情，而绝不是去阅读人们在周末所做的事情。

如果你的目标不是要取得成功，那就把每天早上（尤其是周一）的第一件事改成查看社交媒体。嘿，为什么不拨出每周一的前两个小时来专注于社交媒体呢（设想在对别人周末做了什么做出反应时，你可以使用多少愚蠢的表情符号）？如果你渴望借此结交虚拟的朋友——这与你的销售工作风马牛不相及，那就去做吧。如果你认为这是成功销售的好方法，我建议你适可而止、悬崖勒马。

尽管你觉得非常可笑。但事实上，我确实知道有太多的销售人员把在领英或 Facebook 建立"x"级的联系人作为他们的目标之一。他们会觉得，只要在领英上有 3 万名粉丝，机会就会主动找上门来。（事实上，我拥有的粉丝数量比这个数字要高出 10 倍，但我依旧得不断努力挖掘商机。）一位处在恢复期的社交媒体成瘾者向我坦言，他每天都要花两到三个小时在社交媒体上。与此同时，他已经有一年多没有完成销售指标了。我之所以说恢复期是因为他刚刚失去了工作。这与其在社交媒体上花费大量时间是否存在因果关系？你自会心知肚明地有自己的判断。

你可能会问："那什么时候应该查看电子邮件呢？"电子邮件是你的工具，而不是别人的。你能做的最无用的事情就是围绕电子邮件设定目标。不要让自己被电子邮件淹没，当然也不要认为你收到的多数电子邮件都是在浪费你的时间。电子邮件可以让你了解情况、检查状态、跟进事情，这些都是好的东西，但它们是你必需的吗？它们可能对其他人来说是必不可少的，但对你来说完全不是必要的。是的，我就是这么直截了当——电子邮件是洪水猛兽，有的时候它会吞噬一切。我的做法是在早上浏览电子邮件，只对那些我认为真正紧迫的邮件做出回应，其他的都可以束之高阁。每周我会抽出三到四次时间来加速完成剩下的任务。是我控制电子邮件的阅读进度，而不是让电子邮件控制我。

让我们跳过关于目标是什么以及如何衡量目标的讨论，直接切入目标的实质，讨论它对你的精神状态和对长期与短期成功的影响。没有人能阻止时间的流逝，这也意味着没有人能阻止事情的发生。

你是否为你的目标负责

谁为你的目标负责？你自己，或是别人？大多数时候，销售人员被催促着完成看似难以企及的目标，他们认为自己的目标是由别人制定的。他们的经理设定了他们的关键目标——季度或年度的销售指标。就是这样：作为公司的销售总监，我的工作是把季度销售目标分配给该市场里的数百名销售人员。有压力吗？当然，每天都有压力！有些人总在抱怨他们的指标数字有多么地不公平，他们无论如何也无法完成任务。讨价还价完全是在浪费时间，你只能做一件事——把注意力放到最重要的事情上，即和顾客一起工作。

当销售人员拿着一份复杂的演示稿或电子表格来试图说服我改变他们的指标数字时，我都会有一个不变的回答："如果你在客户会议上投入的时间和投入在这些表格文稿上的时间一样多，你就不会让我修改你的指标了！"这个故事的寓意很简单：不要浪费精力抱怨你无法控制的数字，而是把重点放在你能控制的东西上，那就是你的销售行为，把时间用到这上面去！

你的关注点应该是自己的目标，而不仅仅是公司分配给你的任务。你的目标会以公司目标永远无法企及的方式激励你。我所说的目标是让你感到兴奋的情感目标，这些目标会让你对早晨起床充满期待。在本书的开始部分，我分享了关于周一早晨目标的想法，但现在是时候考虑长期的目标了（我指的是 25 年以后）。

最近，我拜访了客户的工厂车间，他们带我参观了一个工作站，告诉我有人在那个岗位上重复着同样的工作近 40 年。我真希望能目睹这位先生工作时的状态，同时好奇他从一而终的人生观；而另一方面，这让我感到非常悲伤。我并不是说他的生命没有价值——我没有资格做这样的判断。我不知道他的具体情况，但我知道我不想过这样的生活。

也许 40 年后我可以说："哇，我居然能用 40 年的时间，每天都做着同样的事情！"但我不愿意这样。那时我想说："哇，我花了 40 年的时间去影响人们，改变他们的生活。"哪一个更让你兴奋？这可以说明有件事很重要：设定目标来推动你的工作。

写作本书就是一个很好的例子，我需要关注我的目标。

你可以想象我有那么多事情要做，其中很多都是非常重要的。我必须权衡什么工作项目能让我更接近目标。如果没有分享这个故事的目标，没有想对你产生影响的热情，没有出版商的截止日期，我怀疑本书永远不会有出版的那一天。

你的 25 年目标是什么

40 年是一段很长的时间，我不会说"让我们制定 40 年的目标"。不，让我们规划一下 25 年目标。我喜欢 25 年，原因很简单：我们可能会活到那时候！更可能的是，我们还有时间设定下一个 25 年目标。我的直觉告诉我，在本书的读者中只有不到 1% 的人能够说出他们有 25 年目标，并始终在为之努力。你们中的许多人可能有 25 年的梦想，但如果没有一个可以积极执行的计划，它们将永远不会变成现实。

让你的生活更加高速有效，并自问你希望自己留下的遗产是什么。我父亲有幸从事过多种职业，包括部长、假释官、股票经纪人和政治家。如果你问他这些工作是否在他的 25 年计划中，他会笑的。很明显，除了上学之外，其他的工作都不在他的规划之中。但是，他这个年纪的大多数人一生只有一份或者两份工作，他却选择了多份工作。这些工作涉及了广泛的职业工种，但每一种都帮助他实现了 25 年目标，也是他的人生目标——以积极的方式影响他人。苹果落地的地方总不会离树太远。你说得对，这也是我一生的使命。

我的人生使命是影响他人，这促使我每天都充满激情，即使事情的进展并不总是一帆风顺。我清楚地记得父亲曾是一名股票经纪人，当时国家正处于经济衰退时期，股民都在赔钱。不管他周围发生了什么，我总能听到他用他那乐观的声音帮助别人渡过难关。他拒绝把短期看成长期。爸爸的观点是，短暂的日子很快就会过去，而且（一如既往地）确实是这样。在整个过程中，他始终保持专注和积极。他不知道什么是成功的动力飞轮，但他却乐在其中。

你的25年目标是什么？你如何把它们分解成5年甚至3年的小目标呢？有人说，我们高估了一天能完成的事情，却低估了很长一段时间内能够完成的事情。我想起1962年9月12日约翰·F.肯尼迪总统说过的话：

> 我们决定登月。我们决定在这10年间登上月球并实现更多梦想，并非因为它们轻而易举，而是因为它们困难重重，因为这个目标将促进我们实现梦想，检测我们的科技力量，因为这个挑战我们乐于接受，因为这个挑战我们不愿推迟，因为这个挑战我们志在必得，其他的挑战也是如此。

我们都知道这件事的结果是什么！1969年7月20日，

阿波罗11号的宇航员尼尔·阿姆斯特朗和巴兹·奥尔德林（Buzz Aldrin）成功登陆月球，在月球表面行走并安全返回。这是多么惊人的壮举，在20世纪初几乎没有人想到会有这样的奇迹发生。如果人类曾经有过一个大目标，那就是这个。然而，它不是用了25年而是不到10年就完成了。

你的"登月计划"是什么

当思考你的25年目标时，我希望你能在脑海中思考这样一个问题："我的25年目标能够称得上登月吗？"20世纪60年代参与登月竞赛的每一位男女，不管他们是谁，他们都清楚地知道自己的使命是什么。你的任务就是专注于你的使命。

有些人的一生只是对周围发生的事情做出反应，而有些人则是事件的助推手。你是哪一种人？它开始于你的目标，结束于你如何对待你的目标。太多的人擅长制定目标，但在实现目标时却惨遭失败。不要设定过于容易实现的目标，要设定具有挑战性且能够改变未来的目标。

第7章
销售不是取悦客户

营业员只是展示产品,而你是在进行销售。

——迈克·温伯格

每个人成为销售人员的原因各不相同。有些人在小时候就相信自己会从事销售工作(我当然不是他们中的一员);另一些人在经历大学教育后,选择将销售作为自己的职业(也不能说我就是那样的);大多数人应该是在离开学校后,根据社会形势的变化或者由于某种不经意间的决定,而走上销售工作岗位的(是的,我就是这样)。人们最终成为销售人员的原因或许连他自己都难以说清,或许能找到某个原因,但很可能不是真的。

很多人对销售职位没有明确的概念,一个初出茅庐的销售人员甚至不知道销售的目标是什么。相信我，我遇到过这样的人，随时都能遇到！令我惊讶的是，有那么多的销售人员根本不称职。他们会在名片的职称栏印上销售人员的字样，在职位描述中反复提及销售，但职称和职位描述对他们来说毫无意义。有些销售人员根本不知道自己应该做什么，也不知道为什么要这样做。他们不想让别人知道他们是搞销售的！他们宁愿要其他的职称，除了销售人员。对他们来说，销售人员是一种贬低身份的职位。

这也许解释了为什么销售人员的群体如此鱼龙混杂，为什么销售人员流动率如此之高。问 10 个人销售的定义是什么，会得到 10 种不同的回答。如此混乱和无知的认识，解答了为什么太多的人把销售作为一种尝试一段时间的新鲜岗位。他们会付出一些努力，如果成功了会留下来，如果失败他们就会转身离开。如果人们不能专注于应该从事的事情上，那么许多销售人员最终把注意力放在错误的活动上也就不足为奇了。

当我们蹒跚学步的时候，就被告知要对每个人表示友好。还记得妈妈没收你的玩具，只是因为你不愿意和你妹妹分享吗？我们被告知友善就是要倾听他人，帮助他们，即使这意味着分享我们的玩具。回到这个话题，这意味着作为一个销售人员，要把"玩具"送出去。太多的销售人员认为，成功的做法就是回答客户提出的每一个问题。不管客户提出什么要求，我们都要回答，'是的，我们会处理它'，而不管以后如何收场。

太多销售人员相信的一个错误观点是，销售人员只是客户服务的美称，通过对客户表现友好来博得他们的满意。千万别相信这种说法！相信了这种说法就很难有好的回报，你会感觉自己在打扰别人，你就不可能在顾客回应之前联系他们。你也会在客户掏钱购买产品时无底线地做出承诺，即使你知道这是无法实现的。相信了这种说法，在与客户谈判时，你就会一味地讨好并答应任何条件。这样你也就无法在销售工作上坚持很久。下面是另一个真相：

<u>销售不是取悦客户，而是要实现增值。</u>

我相信某些人会对这样的说法不以为然。假如你只想取悦客户，那就去找一份客户服务的工作——这样的工作很多。如果你想为人们带来增值，那么干销售就对了。你要把注意力集中在商机、潜在客户和实际客户身上。你的目的就是帮助他们实现不可能的事情。这意味着你会打断他们的习惯性思路，会挑战他们，会推动他们前行。你要把销售看作驱使别人做他们不会做的事情的动力。销售就是在客户不期待的时候，为他们带来增值的机会。

回忆一下智能手机出现之前的事情。我们对翻盖手机很满意。因为与原来像砖块那样的手机相比，这是巨大的进步。然后史蒂夫·乔布斯（Steve Jobs）出现了，他认为我们需要一种与众不同的东西——一种叫作智能手机的东西，一种集摄像头、音乐播放器和电脑于一体的手机。我们没有要求过，因为我们不认为存在这种可能性。如果史蒂夫·乔布斯不相信销售，只热衷于客户服务，他会创造出一款更漂亮的翻盖手机。销售就是告诉客户存在不断进步的可能性。

如果你是销售人员，你的工作就是帮助人们更上一层楼，即使他们不认为自己有这个需要。在销售工作中，你要不断向客户提出"为什么"，义无反顾地在翻盖手机市场上销售智能手机。如果你不帮助客户了解他们需要什么，还有谁会这样做？

你的目标是推动客户不断向前。这意味着不能满足于现状，要挑战人们原有的想法。你为什么做销售——推动他人进步。销售人员是大胆的，胆小的销售人员会变成客户服务人员。客户服务是一项重要的工作，是所有公司必不可少的部门，但是与销售部门不同。尽管两者都和客户之间有很多沟通，但两个部门与客户互动的目标是不同的。

比如你所在的社区会提供两种紧急服务：警察和消防人员。他们帮助的对象都是社区的住户，但所担负的责任却大相径庭。如果房子着火了，你不会去寻找警察的帮助，会尽

第一部分　思维决定命运

快联系找消防队。当然，在某些情况下，警务部门也会做出反应，提供必要的支持。但如果让警察来代替消防员灭火，这绝对不是好主意。这个比喻很适合用来说明销售和客户服务之间的不同，每个人都要知道自己的责任范围并把它做好。如果每个人都将工作做得非常好，那客户就会更加满意。假设警察突然被命令去救火，他们也愿意这么做，但肯定不如消防员能干。

你为什么要每天做这样的事情？让我来回答吧。作为销售人员，就是要把所负责的事情做得格外出色。服务员可以只做被要求做的事情，但你没有工作内容上的限定。不管你是如何进入销售行业的，是否想留在这个行业中，你都应该专注于销售，专注于能与客户保持一致，双方能够开展更深层次的对话。

周一早晨，或者说每一个早晨，我都很兴奋地开始工作，因为我所要做的是去影响他人。我不会给他们提供他们想要的东西，因为他们不知道可以得到哪些更好的东西。客户服务部会照顾客户当下的需求，我要做的是推动客户一路向前。

第 8 章 •••
先销售,再谈判

90% 的销售出于信念,剩下的 10% 要依靠谈判技巧。

——希夫·凯拉(Shiv Khera)

人们对销售有一种误解:所有销售人员都应该巧舌如簧。另外,人们将谈判理解为利用对方的弱点展开攻势的过程。这种看法是我无法认同的。虽然这不是所有销售人员的看法,但确实有不少人认同这种观点。难怪有的人讨厌在早晨醒来,因为他们知道将要进行一场交易外交活动。这感觉就像是马上要去罗马斗兽场中央面对狮子,而观众们更有可能都在为狮子加油助威。

谈判不一定让人头疼,也不一定是交易的一部分,最理想的销售是不需要谈判技巧的销售。谈判之所以不是完成交易的必经之路，是因为正常的交易是建立在互相信任的基础上的。销售也是投资行为——投入时间和精力去发现客户的现有情况和需求，并营造出互信的基础。

<u>双方的信任程度将决定销售所需的谈判水平。</u>

回忆一下你参与过的每一次不愉快的谈判，它之所以让你闹心是因为双方都缺乏信任。如果想尽可能地避免谈判，那就设法提高和客户间的信任程度。

不重视信任的重要性的人就无法理解互信的双方在处理事情时会有多么融洽。互信的人会相互产生吸引力。最近，我受邀在一家公司的销售启动会议上发言。该公司的许多销售人员因正在执行收购项目而无法出席会议，管理层决定在今年晚些时候再召开一次会议。销售副总裁让我给第二组人单独安排讲话，但由于预算限制，他很犹豫。我意识到这家公司需要我，我本可以通过谈判争取一大笔费用，但是从长期角度考虑，这对双方都没有好处。我重视客户的诚信和文化，他们也看重我。我们都清楚彼此可以通过很多方式互相支持，而我确信我可以帮助他们解决困难，毕竟在第二次会议上发言对双方都有好处。由于彼此信任，我们很快就制订出了一个满足双方需求的财务计划。如果我们互不信任、志不同道不合，第二次会议的发言就会成为泡影。

以上的例子就是我所说的"先销售，再谈判"。当我们认真地去理解需求，拟订方案并达成销售意向时，信任就建立起来了，然后我们应更深层次地研究客户需求的细节。信任程度越高，对话越务实，最终得到的成果也就越大。

建立了高度的信任，才能进行深入的对话。

信任是有感染力的。所谓感染力是指把情感传播给那些不认识的人，尤其是在社交媒体极为活跃的世界里，名声很容易出圈。你不认识正在与你交谈的对象，但不要认为他们也不认识你。如果你擅长利用别人，那么不久别人就会了解你。这就是我说的：

你的诚信使你吸引同样诚信的客户。

因此，公司和销售人员如果拥有大量低质量的客户，那这一定与他们自身有着直接的关系。

你应得的客户

我们都会被与自己相似的人所吸引,这一点会影响销售谈判所需要的时间。双方的信任程度低,谈判的时间就长。

具有信任和诚实素质的销售人员,周一早上一醒来,就会为周一和之后的每一天感到兴奋。我并不是说拥有诚信就能解决一切,就能消除所有压力,让你像婴儿一样睡觉。但是,正直的生活会让你更容易入睡,因此也会让你的工作完成得更好,使你声名远扬。正直的生活很简单,就是对自己将要做的事情负责,并尊重他人。诚信并不难理解,但要活出诚信的每一天却很难。我的建议很简单:找两个正直的人,不管是在顺风顺水的时候,还是在进退维谷的时候,都要观察他们的表现,并从中学习。

做一个值得信赖、诚实的人并不意味着不需要谈判(除非你卖的东西是免费的),不善于谈判是无能的表现。你会遇到喜欢砍价的人,对他们来说,砍价会让他们对所购买的东西感觉更好。我经常被问到的一个问题是:"该如何对待这类人?"第一是不要慌乱,或者不要为了达成交易和他们一起开始无休止的讨价还价。决不要迁就他们!我在与这些人谈判之前,就会放弃交易,从而避免无休止的价格谈判。对于这些人来说,他们总会找到一点问题来压低价格。

这些人需要价格谈判,而你还没有来得及和他们建立足够的信任，所以你需要一个策略。首先，一定要坚持你的主张，不要让公司的价格诚信受到质疑。我在事业中经常会面临这样的挑战，我的回应非常明确，我不会为了降价而谈判。如果真的必须降价，那是因为对方没有完全理解我的报价中所蕴含的价值。我把这个归咎于没有发现客户的真正需求。当然，这并不意味着仅仅是因为客户要求更低的价格，我就必须重新开始。我的意思是我需要澄清更多的问题，发现客户真正的需求。我把客户的谈判需求视为可控的。

几年前，我与一家公司的首席执行官通话，希望能在他们的全球销售会议上演讲。我们对这个潜在客户做了充分的前期工作，非常清楚他们存在哪些问题，也知道该怎么帮助他们。首席执行官一开始就说我的要价太高了，应该大幅降低。很明显，他想向员工们显示他很能干地谈成了这笔交易，他是多么善于谈判。他要求降价并没有使我感到不安，因为我们对这位首席执行官和他的公司都做了功课。我说："我们不会降低费用。"在他还没来得及回答的时候，我就继续发问："由于新的竞争对手出现，公司明年的收益会受到多大的威胁？"我打出了一个棘手的反抽球，迫使他放弃了压价的念头。我从之前的谈话中已经知道，一个新的竞争对手正在介入，并开始抢占他们的业务，而他的销售人员还没有做好准备。与他们即将失去的业务量相比，他要求削减的费用太微不足道了。我的问题深深触动了他，引起了他更深层次的思考，他开始意识到问题不在于费用，而在于缺乏训练的销售人员。最后我们以原先的价格完成了这笔交易，这使得该公司避开了竞争威胁，此后一年的经营仍然红红火火。

如果期望每一次谈判都像刚才说的那样顺畅，那我们就是生活在幻想世界里。有一些公司由于各种原因无法如此行事。这不是一本关于谈判的书，但有一些方法可以在进行价格谈判时使用。如果你给一个客户降价，而没有为另一个客户同样降价，那么报价就缺乏公平。与其降低价格，不如略微改变交付方案，从而使报价保持合理性。我们可以删除或更改一些内容以符合他们的付款预算。这个简单的方法可以确保价格的公平公正，同时让客户得到他们最需要的东西。然而，我经常发现，签了削减方案合同的客户之后会将这些内容重又加回到交易中。

价格谈判并不应该使你担心、害怕，销售也不会让人胆战心惊。你应以诚信和理解的信念来对待这部分客户的诉求。销售就是帮助别人实现他们不可能实现的事情，我相信这就是我们应该做的工作。每天早晨伴随着高尚的目标醒来，摆脱担忧和害怕，思考和审视工作的方方面面，包括价格谈判。事实证明，谈判让人感觉很好，也给我们提供了一个展示自我的机会。

第 9 章
用差异化创造价值

不始于完美,但臻于完美。

——金克拉

菲尔·格雷夫(Phil Graef)是我第一个深爱的老板——我尊敬他的方方面面。他很有魅力,不管有多忙,不论他遇到谁,他总能表现出超凡魅力。菲尔是一个与众不同的人。虽然他是我的老板,我们只相处了一年多,但他对我的影响很大,我从他身上学到了很多。每次结束休假去上班,他从来没有感到要面对糟心事,也没有抱怨过休假时间太短。相反,菲尔很高兴回来,尽管他还有各种社会活动,但总是把家庭放在第一位,将闲暇时间都用在两个孩子和妻子身上。菲尔是我 16 岁时的老板,那时我在一家位于华盛顿莱西的麦当劳工作。

虽然作为一家麦当劳的经理并没有什么大不了的，但我想说的是菲尔值得尊敬的地方。例如，激励和热情并不只存在于殿堂之上，每个人无论是在周一还是在一周中的其他日子，想去改变别人的动力不是由环境驱动的，而是取决于自己。

菲尔·格雷夫是一个与众不同的人，他不受环境影响，坚持自己的思维方式及领导员工的方式。这就是领导力，也是我如此尊敬他的原因。菲尔知道，控制自己是所有行为中最重要的。当事业出现逆转，进展不顺利时，菲尔会镇静如常：他不会屈服于压力，也不会加剧混乱，他会以超凡的人格魅力，让一切又重归于正常。

几年前，我用三天时间和 250 名高中生进行了一次独木舟旅行。最后一天，我们在一个特定的地标点下车，那里有公共汽车的站点。我是参加这次旅行的 10 个成年人之一，我们的任务就是保护孩子们的安全，使他们玩得开心。我是垫后的那个人，负责确保没有任何一个人被落下，所以我是最后一个离开独木舟的人。我刚上岸就有人告诉我说失踪了 20 名学生。怎么会这样？我是垫后的人，必须保证每个人都在我前面。显然，有些地方出了问题。更可怕的是，下游是一座水坝和瀑布——这实在太可怕了。

第一部分　思维决定命运

现在和我在一起的有六七个成年人和200多名高中生，孩子们知道他们的许多朋友不见了，开始紧张起来。他们把希望寄托在大人身上，祈求能找出问题所在——那些孩子在哪里？我们聚在一起考虑下一步该做什么，负责旅行的大人同样忧心忡忡。就在这时，我开始放声大笑起来，并暗示其他大人也大笑起来。原因很简单——千万不要让恐慌加剧。孩子们的情绪会随着我们的态度而改变，我们可以采取措施来改变事件的性质。是的，我们中有人失踪了，这是个大问题，但我们不能让情况变得更糟。一会儿，孩子们平静下来了，这便于我们从他们的讲述中了解情况。我们不应该放任突发事件控制我们，我们应充分解读它、解决它，并使一切归于常态。

这个故事有一个让人欣慰的结局。不久，我们听到了喇叭声，一辆卡车向我们驶来，失踪的孩子们站在车斗里大喊大叫。孩子们（还有两个大人）在独木舟上玩得太开心了，以至于他们忘了该在哪里停下来，直到发现前面的危险，才将船靠到河岸。很快，他们找到了一个牧场主，牧场主把他们送到了集合地点。

我们的影响力

我想通过分享这两件事表明：不要低估我们的行为对他

人产生的影响。菲尔·格雷夫是一位优秀的管理者，具有领导者应有的魅力，他深知自己的行为、言语、个性会对他人产生影响。我之所以能够应对这次独木舟之旅，要归功于我从菲尔那里学到了很多有用的知识。你的个性、言语和行动也会产生同样的影响。我对销售有热情，这是因为我可以影响很多人。还有什么能比周一早上醒来时，知道自己被赋予了影响他人的能力更使人兴奋和有趣呢？

列一张受你影响的人的名单：名单中都有谁？他们对你的评价会是什么？对你的影响力有怎样的看法？每天早上醒来，我的目标就是去影响我接触到的人，不管他们是谁，是为我煮咖啡的服务员还是客户的首席执行官，都没关系。每个人都是一个真实的个体。

一年前，我为我的客户岛津（Shimadzu）公司主持了几次培训课程。岛津公司让我和其在印度的经销商合作，我培训的对象是受过良好教育的、聪明的、有理想的人。鉴于岛津产品的复杂性及其销售对象，这些听众都是精明的人才。在销售团队面前，我发现其中的每个人都与其他销售人员没有什么不同，无论是来自加拿大的蒙特利尔，还是印度的孟买。他们有理想、有抱负、有家庭、有朋友，他们会面临孩子生病及年迈父母需要照顾的各种挑战。每个人都和我一样，都是有七情六欲的活生生的个体。

对遇到的每一个人，我的目标都是影响他们。

第一部分　思维决定命运

你的周边有多少销售人员

你的销售团队都有谁？我不是专指你管理的下属。我的意思是谁被你的魅力吸引，为你东征西讨。真正的领导者是因为自己的言行和对他人的影响而成为领导者的。本书案例中的许多销售人员都在我的麾下。我也是团队中的一员——当你对某人评价很高的时候，就会想要成为他团队中的一员。

我在本书中提到了许多我尊敬的人，他们都有一个共同的特点——有魅力。和他们在一起时，你会有种不一样的感觉——只要有他们在，许多事情都会迎刃而解。有魅力的人会吸引别人，和有魅力的人在一起，你会发现他可以让别人做出令人惊奇的事情。约翰·卡纳万（John Canavan）曾是我工作中的老板，在我看来，他是各种场合中的主角，为他工作的人也都这么说。他举手投足中带有领袖气质。我们这支由八名销售人员组成的团队所取得的成就令人惊叹，他还能让公司其他部门都超越自身的潜能。我对他佩服得五体投地。我们会接到麻烦的客户电话，但只需几分钟他就会处理好一切。那些不认识他但听说了这些故事的人总想知道他是怎么做到的。答案很简单，他的成功是由于他总是把别人放在第一位。

与约翰一同拜访客户是一种很棒的体验。约翰一走进客户的办公室，就和其他所有人打成一片。他会去了解每一个人，而他们也对他产生了兴趣。约翰教会了我如何建立人际关系，包括在最紧张的商业环境中。30分钟的会议往往会延长到一个小时，但客户从未抱怨过，约翰使他们凝聚在一起。我们的八人团队所取得的成功远远超出了一般的组合。约翰给我上了重要的一课：

<u>珍惜他人胜过珍惜自己。重视他们的目标和愿望，而不是你自己的。</u>

我为约翰工作是近30年前的事了。直到今天，每当我接听一个重要的销售电话时，我都在设想约翰会如何处理。我还能想象约翰在会议上的情景，以及在会议后他会说些什么。他会告诉我们，销售就是要完成那些看似不可能的事情。我们的队伍也许很小，但我们打赢了一场重要的战役。

作为销售人员，你认为有哪些人站在你这边？你的客户有哪些？公司里有哪些人支持你？行业里有哪些人支持你？请客观地回答这个问题：你在团队中发挥着领导者的作用吗？

作为一名作家、顾问和演讲者，我每年都要和各种各样的公司打交道。我的首要目标是帮助我的客户，我会开门见山地询问:"有什么我可以帮你的吗?"我的目的是找出人们面临的问题。当我亲自关注他们所面临的问题时,他们便会做出响应——与我分享有价值的信息,从而让我更好地为他们服务。我对潜在客户也是如此,在了解他们的所有需求后,我会把他们变成我的顾客。吉尔·康耐斯说:"和你的潜在客户在一起,就像他们已经是你的客户一样。"我就是这样做的。

马斯特电气(Master Electronics)公司或许是你从未听说过的公司,但它就在你身边。你每天使用的许多设备都有马斯特电气提供的组件。它就是经营各类电子元器件的经销商,这类经销商的利润相当微薄。这个行业里的公司应该尽可能地削减成本,这是被视为一分钱要掰成两半来用的行业。

最近,我有机会和该公司领导及高级销售人员交谈,这次交谈彻底颠覆了我对他们的认知。他们的销售团队包括了公司里的每个人,而且彼此都互相支持。

公司里的每个人都有自己的职位,员工没有被要求做超出职责范围的事情。我们去参观公司的配送中心时到他们的自助餐厅用餐,我们组有人使用了自动售货机,但是没有购物卡,无法在机器上购买物品。这时候一位仓库里的钟点工赶了过来,用自己的卡为客人支付了费用。那位女士并不知道我们是谁,看到有人需要帮助,便立刻施以援手。女士离开后，我问一名员工，她花的是不是自己的钱，对方回答"正是"。钟点工看到有人需要帮助，就毫不犹豫地介入了。她完全可以置之不理，这并不是她的本职工作，但她没有，而是及时提供了帮助。

真会有这样的事情？在魅力型领导者的团队文化中的确如此。马斯特电气的总裁里亚德·尼扎姆（Riad Nizam）为组织感到自豪，更值得骄傲的是公司的企业文化。他表示，"创建团队文化确实需要成本，但最终这笔钱是值得的"。他们在生产力、服务水平与业绩方面都保持着较高水准。这一切是在一个成本极其高昂的行业中实现的，他们的与众不同正是基于文化因素。

与里亚德相处哪怕 10 分钟，你就会发现他的魅力所在，就像约翰·卡纳万那样。在公司里，每位员工都知道企业文化与团队合作的重要性。每个人都有自己的职责范围，知道自己的责任是把手头的事情做好。关键之处在于销售团队被授予了做决定的权限，他们不用担心事后被经理批评。每个员工，甚至是供应商，都将自己视为该销售团队中的一员。团队的合作精神同样出自魅力型领导以及企业文化。

那么，这是否意味着有了魅力才能成功？非也，但魅力确实会让你更容易成功。假设魅力是汽车，你不应满足于驾驶四座的私家车，而应驾驶载满乘客的公共汽车，乘客都是你要帮助的人。你在帮助他们的同时，他们也在帮助你。所以，我该如何定义魅力呢？

<u>魅力是自信、正直以及对周围人的关心与尊重。</u>

我不在乎字典对此是如何定义的。我喜欢过有魅力的生活——帮助别人，字典的定义与我无关。科德尔·诺顿（Kordell Norton）是我的好友，他被称为"美国的魅力顾问"。科德尔是这样定义魅力的："魅力取决于他人的看法，以及他们将多少注意力分配在你的身上。"魅力居然是分配给我的？魅力意味着他人对你的兴趣！因此，把别人放在第一位，这是从现在起你每一天的目标。你会对自己的成就感到惊讶，你会惊讶于谁加入了你的团队，你更会惊讶于自己在帮助他人方面所发挥的影响力。

第 10 章

热情的销售，客户的期待

销售由你的态度决定，而非客户的态度。

——W. 克莱门特·斯通（W. Clement Stone）

充满激情地对待某件事值得赞赏，激情是值得自豪的情感。我热爱销售，也热爱我的妻子、孩子以及我的信仰。激情包含着你的关心与承诺。

你对销售有多热情？你对客户有多热情？事情和人哪个让你更有激情？我承认，我对咖啡的热情超过了对妻子的热情。对某件事充满激情表明相比其他的，你更关心它。我认识一些人，他们是某个音乐团体的狂热粉丝。我爱这种感觉！对某事充满热情意味着你非常非常喜欢它。

当和一群销售人员谈话或工作时，有人会评论我的激情。充满激情可以与他人建立更深层次的联系，帮助我做出更好的决定。但是有些人会对此提出质疑，他们认为对销售和客户充满激情并不值得提倡。一位公司里绩效最好的销售人员提出了反对意见，他说对销售充满激情会对自己不利。他的观点是：在对销售和客户充满激情时，你就不能保持客观思考，而会经常站在客户的一边。他接着说，"激情会在谈判中摧毁你，你会屈服"。如果你无限地释放激情，上述观点无疑是正确的。但是你不至于仅仅想要提供帮助而将你的产品和服务一律免费赠送吧。我是这样描述激情的：用强烈的情感表达你的承诺，但它又是可控的。这还需要表里如一，如果你仅仅因为激情而放弃了重要的东西，那你实际上并没有做到表里如一。激情是建立在正直的坚实基础之上的，而不是反过来。

同样的道理也适用于睡眠。充满激情时，大脑保持着亢奋状态，我会惊奇地发现我可以不需要优质的睡眠。这里我并没有低估睡眠的重要性——它对身心健康非常有价值。但是激情是一种功能强大的"药物"，激情与兴奋能够让你在凌晨时分为第二天的销售拜访做好充分准备。

激情是驱动我们向前飞驰的能量和燃料。激情使我们散发活力，客户会被这种情绪感染。能量是激情的副产品。我经常连续往返于亚洲和欧洲，去做一个个主题演讲。如果人们问我是如何应对时差的，我可以将答案归结为一句话——

第一部分 思维决定命运

我对帮助别人充满激情。这种激情反过来给了我能量，让我能够对时差和长途飞行泰然处之。

客户希望你充满激情。在过去的几年里，这可能不是很重要。随着客户对服务要求的提高，他们对激情的期望也增加了。现在客户可以有更多的选择——除非你在某些方面超越了你的同行，否则客户为什么要选择你？

激情意味着你关注并能带动起情绪，同时利用实践中积累的经验，掌握激情的"度"以防止失控。当客户感觉到你真心实意地要帮助他们时，他们会把自己的需求和盘托出。你关注的越多，他们分享的就越多。对我来说，没有比这种感觉更好的了。

每天早上，当我从床上起来时，我都会思考要为我们的生活做出改变。如果你的激情指数不够，就回忆过去你对别人的影响，你在销售和生活中帮助过的人。当你意识到那些被帮助过的人所取得的成就时，你就会不由自主地兴奋起来。我16岁的时候，菲尔·格雷夫是我所工作的麦当劳的经理，他对我产生了巨大的影响。多年后如果我处于类似当年的情景时，我就会回想起菲尔会如何处理。菲尔给我的教诲让我不禁想要知道，现在我教诲了哪些人？

科罗拉多州汽车经销商协会（Colorado Auto Dealers Association）的首席执行官兼主席蒂姆·杰克逊（Tim

Jackson）让自己一直保持在激情与能量的巅峰状态。蒂姆和我第一次见面是在几年前，当时他邀请我在一个活动上发言，从那时起我们就一直是朋友。我喜欢蒂姆是因为他对所从事的工作（汽车经销）的热情。这个人孜孜不倦地履行他在各种场合做出的承诺。创造差异化服务的热情点燃了他的能量。有几次我在凌晨给他发邮件，都立刻得到了回复。我请蒂姆解释生活在激情与能量的巅峰状态对他意味着什么。他告诉我说：

我喜欢周一，这对我来说是个"有趣的日子"。其实每天都是有趣的一天。如果你喜欢所从事的工作，那么，哪个工作日对你来说并没有什么区别。我真的很期待周一，迫不及待地想要开启新的工作。我把周一看作调整一周工作的机会。我把在工作中所做的每件事都看作提高效率的契机。对我来说，一切都是与工作效率有关的。

如果我能早一个小时到达办公室，用于工作的时间就会比其他人多出 60 分钟；如果比其他人早到两个小时，我就能提前 120 分钟投入工作……以身作则是很重要的，要在前面领导而不是在后面推动。

把周一的工作效率延续到以后的每一天，这就是我的工作作风。我尽量争取比第二个到办公室的人早一到两个小时进入办公室。可能的话，下班以后我会多待一两个小时才离开。工作效率最高的时段是在第二个早到的人到达之前和其他人都离开办公室之后的那些时间。在进度和优先事项列表上我完成得很出色。这大大提高了我的工作效率,让周一,甚至是每一天都比前一天更有乐趣。

蒂姆显然热爱他的工作和生活,因为他对所做的每一件事都充满激情,这又转化成了他非凡的毅力。如果按照蒂姆的时间表工作,你一定会精疲力竭,败下阵来。但对他来说,这不是工作,这是他被无形的力量所召唤去做的事,他喜欢每天都是这样。他的激情和能量每天都影响着其他人。

你影响了哪些人?这不是自我炫耀。事实上这和炫耀没有关系,它关乎真正的激情。长期而言,你在人们的印象中将会成为另一个人,就像菲尔·格雷夫对我的影响一样。如果这个想法还不能让你兴奋,那么一定是出了什么问题。生活是人与人之间的交流,要利用这种交流对别人产生深远的影响,让他们发生变化。这种变化不是一天、一个月或者一年的改变,而是一生的改变。谢谢你,菲尔·格雷夫,你是我最尊敬的导师。因为有了你的教导和示范,我也能同样教导和领导别人。

第二部分

你最重要的资产

精益求精、永不止步。

——圣杰罗姆(St. Jerome)

第 11 章

你最重要的三项资产：时间、思想和人脉

永远相信美好的事情即将发生。

——汤姆·霍普金斯（Tom Hopkins）

你或许听说过"奥马哈先知"这个绰号。我就住在奥马哈，但那绝不是我。奥马哈先知指的是沃伦·巴菲特，他被评为世界上最富有的人之一。对于有这样一位老乡，我着实感到很光荣。我爱奥马哈。

但巴菲特的存在让我自惭形秽。虽然住在同一个镇上，但我们在理财方面有着天壤之别。巴菲特的策略很简单：他擅长管理自己的时间，他拥有自己的思想，并通过人脉创造价值。

时间、思想和人脉是你最重要的三项资产。有效地利用这三大资产，我们就会取得更大的成功，并为开始周一和随后的每个工作日而感到兴奋。沃伦·巴菲特为自己的日程表上没有开会项目而感到高兴。他会在自己的日程表上留出大片空白，但这并不意味着他无所事事，他会利用空闲时间发展自己的心智。他把每天80%的时间花在阅读上，他提倡每天500页书的阅读量。对于巴菲特而言，这是他积累知识的主要途径。他把知识看作可以增值的资产，他相信知识和金钱没有区别：两者都是通过工作得到的资产，并且它们每年都会产生复利。

巴菲特在日程表上留出大量时间的另一个原因是，无论机会何时出现，他都要做好准备。他声称，他在日程表上保留时间，以便有足够的时间用来思考，以便任何时候都能接听他重要人脉打来的电话。这不是有趣的吗？巴菲特这位世界上最富有的人之一，想让自己在人脉网中能随时被找到。他知道人脉的价值在于这种交流，这是一个绝顶聪明的人。他安排好自己的时间，让思维更敏锐并努力建设人脉。正如他所说："我每天都是跳着踢踏舞去上班的。"沃伦·巴菲特是那种热爱周一并由此成名的人。我敢说，他不仅对周一，而且对每一天都感到兴奋。

让我们观察巴菲特对他所接触过的人产生的影响。想象一下：假如你能和他谈话，你会产生怎样的感觉？你一定会感觉很棒，即使只用电话交谈。不管这一天过得如何，你会

第二部分 你最重要的资产

因为和巴菲特的一通电话而感到无比骄傲。在接下来的几个星期里,你会思考做出的每一项决定,设想巴菲特会如何处理它们?巴菲特之所以可以影响你,是因为他所掌握的时间、思想和人际网络。假如你真的想让周一和每一天都变得美好,你就需要学会掌控时间,活跃思想,以及充分利用人脉。

为了衡量你每天在时间、思想和人际关系上做得如何,在一天结束时请问自己这三个问题:

- 我学到了什么?
- 我帮助了谁?
- 我今天所做的将如何使明天变得更好?

每天问自己这三个问题,是在对自己负责。我没见过对每天的工作都很兴奋却不想去提高自己和他人的人。

专注于时间、思想和人脉会产生另一种副产品:你的行为会影响到别人。社交圈里的其他人会向你学习,他们会专注于他们的时间和思想。人脉展现出成功时,影响就会持续蔓延开来。你的行动最终会帮助一大批人成功——这远远超出你个人的能力所能实现的。

为本书写推荐序的安东尼·伊安纳里诺是掌握时间、思想和人脉的一个榜样。安东尼和我是多年的好友,一个我们都尊敬的人介绍我们认识的,他就是吉尔·康耐斯。吉尔很善于与人沟通，也乐于付出自己的时间。我们俩都认识吉尔有一段时间了，她知道我们俩认识会有好处。安东尼之所以和我是朋友，是因为我们人脉中有共同的交集。

这么多年来，我从安东尼身上学到了许多，当然他也会这么评论我。我的生活因为安东尼而变得更好。他是一个学习大师，对管理自己的时间非常苛刻，但对人际网络却非常愿意投入时间。我们成了联系最紧密的人。小时候父母告诉我们要小心和朋友交往，他们说的是对的，而且这同样适用于我们成年人。对我来说，与安东尼交往并观察他如何把时间、思想和人脉的力量发挥到极致使我受益匪浅。你要找到你的"安东尼"，与他联系交往。记住那句老话："近朱者赤，近墨者黑。"

第 12 章 • • •
保持时间上的自律

驾驭白昼,或让白昼驾驭你。

——吉姆·罗恩(Jim Rohn)

不管我们是谁,我们住在哪里,我们有什么资源,没有人能改变一个简单的事实——我们每天只有 24 小时。我们可以尝试各种技巧,但现实仍会如此——一天只有 24 小时。

我仍然记得自己说过的话,"如果能找到一种不用睡觉的方法,我就可以做更多的事情"。这句话是我在好朋友保罗·科曼(Paul Korman)和辛迪·科曼(Cindy Korman)的厨房里说的。那是一个周日的晚上,我们在谈论即将开始的下一周。我说我的梦想是可以不需要睡眠,这样就可以完成我生活中想要的一切。"假如不需要睡眠,我就会有更多的时间，在销售方面取得更大的成功。"辛迪用一种异常的目光盯着我，随即转向我的妻子，想要求证是否听错了？我妻子回答道："他从来都觉得时间不够用。"这件事没有被遗忘，每当我见到辛迪，她都会提起这件事。我很希望辛迪当时能纠正我的想法。多年来，我一直在克扣睡眠时间，每晚只睡4~5个小时。

克扣睡眠让我能把更多的时间用到工作上。年轻（也更笨）的时候，我为睡眠少而自豪，我感到自己很了不起。我认为："任何人都不可能轻轻松松就能获得成功，除非他们每晚只睡几个小时，并且掌控自己的生活。"

控制时间并不一定要减少睡眠时间，合理安排时间的要点是要充分利用时间。我们的问题不在于时间管理，而在于对优先级的排序。我对那些不费力就能完成很多事情的人佩服之极。

我们都认识一些人，他们整天都很忙，但整整一天却什么也没干成。销售人员容易养成这种坏的生活习惯，他们只是敷衍了事，而不去考虑后果如何。表现不佳的销售人员所信仰的理论是：只要尽力去做很多很多事情，他们就会成功。但事实是，这样干活只会产生一种效果——疲倦不堪。在我的销售培训项目中，为了让大家明白这一点，我会讲一个例子：有个人在海里游泳，看到了鲨鱼后就开始奋力逃命。他在水里使劲挥舞胳膊、摆动腿，这使鲨鱼认定他是个软弱而没有反抗能力的猎物。人在水里扭动得越厉害，鲨鱼就越穷追不舍，有很多工作的结果与劳动者的愿望恰恰相反。

尽管"游泳者和鲨鱼"的例子有些极端，但有时我们达到目的的唯一方式是首先改变我们的思维。不要认为只要努力工作就会有结果。首先要搞明白所做的事情是否对客户产生了影响，或者实现了预定的目标。

本书一开始，我就分享了自己是一个早起的人。我每天在凌晨四点多就起床，开始的几个小时是工作效率最高的时段。我计划把时间用在什么事情上，然后坚持执行。我要求自己尽量少睡觉，所以我认为自己并不是一个早起的人。我更偏爱晚睡，比如开夜车直到凌晨三点。我认为这样很有效率，但实际上只是认为而已，我所做的一切都只是在让我"认为"我很有效率。本质上，在忙碌到凌晨的过程中，我将自己累得半死。

我要向大家介绍鲍勃。他是一位了不起的销售人员，但鲍勃做不到在早上八点前起床。他试着学我在早上六点起床，但是这对他来说太难了。努力了几周后，他放弃了早起的打算，他说这毫无意义。原因很简单：他没有准备要做什么。对此，我的结论是，做好充分利用时间的准备，提高时间的价值。除非你的内心原本有一个计划，否则早起是在浪费宝贵的睡眠时间。

我坚信早起的人工作更有效率,更容易获得成功。我猜想本书的读者中有 90% 都是早起的人,读完之后,你会起得更早,你会更有动力。但你需要的是早起的动力。

如果你有动力,你会想要早起以好好利用这一天。接下来,让我来阐述如何控制和利用你的时间。

当你为一天做计划时,你需要清楚以下六个问题:

- 今天我要做什么才能发挥影响力?
- 我打算做的事情能让我更接近目标吗?
- 今天我所做的事情会如何帮助我的客户?
- 今天要做什么来保证我的报酬?
- 今天要花多少时间和朋友在一起?
- 我能做些什么事或停止做什么事来节省时间?

把这六个问题写下来,不断提醒你自己。永远不要忘记:我们在有限的时间里实现更多产出的方法,便是计划好如何使用时间。

除了计划一天中在工作上的安排,我们还需要回顾一天中在工作上的收获。有时候我们会觉得今天成效很好,因为我们已经精疲力竭了,但事实上,项目仍毫无起色。你在一天工作结束的时候,也要问自己六个问题。更好的做法是,把一天的工作分成更小的部分,然后评估每一部分:"我的工作为公司带来盈利了吗?"你为谁工作或做什么并不重要。你的目标是创造出更多的价值。我是个体经营者,我每天都会多次问自己这个问题。

为周一早上醒来感到兴奋的人,懂得这六个问题的重要性。时间是我们每个人的资产,时间公平地给了每个人。我们要选择的是如何利用时间,否则它就会白白流逝。

第 13 章

思维需要锻炼

现在的你和五年后的你有两方面不一样:你遇见的人和你读过的书。

——查理·T. 琼斯(Charlie T. Jones)

还记得离开大学那一年的想法吗?"如果现在刚踏入校园,那该有多好!"大学生活非常轻松。回想初到大学时的感受,我禁不住笑了起来。生活就是这样:随着岁月的流逝,我们积累的知识会越来越丰富。问题是,这些知识有多大价值,可以用它们干什么?

早些时候,我写过沃伦·巴菲特每天用许多时间阅读的故事。多年来,我一直有幸参加伯克希尔·哈撒韦(Berkshire Hathaway)公司的年度股东大会。如果你从没有参加过，你应该设法补上。只要参加过就会知道这是绝好的学习机会。在六个小时的时间里，巴菲特和公司副董事长查理·芒格（Charlie Munger）会回答任何问题。他们分享的知识量是如此惊人——每年我都带着好几页笔记离开。他们分享的观点高瞻远瞩，你会由此想起每天坚持阅读习惯的意义。

你现在的阅读量有多少？除非在钻研某项问题，否则没有必要阅读。潜心于某项课题最有效的方法是阅读大量有关这方面的书籍，与志趣相投的人展开交流、探讨。成为某个领域的专家并非难事，但是要求对专业的相关领域进行全面学习。在全球旅行中，最愉快的事情之一就是与销售领导和团队进行谈话。鉴于我的阅读经历和认真学习的态度，经常有人问我在销售行业工作了多久。这种误解代表了褒奖，代表了我深谙我的行业。这与我们的目标一致：让客户知道你是行业中的专家。其目的不在于显摆个人的知识，而在于理解客户的需求。掌握行业内的术语对我来说非常重要。

你或许不在一所学校中读书，但你每天都在生活的学校中学习。你辩解说一天中没有时间去阅读，因为生活中有许多杂乱的事情要去干。坐下来细细阅读品味一本书是奢望，因为你缺少时间，但我认为这是你没有意识到生活中什么是最重要的。如果是这样，那就返回去再读一遍前一章关于时间管理的内容。

多数销售人员的客户对象可能是很多人,也可能是很多公司。每次互动都会有新的讨论话题——这些都是学习的机会,在这个过程中你应该是有收获的。在这类对话中,你能给出自己的观点和见解吗?这是销售过程中最能发挥你才能的部分。分享观点、在对话中向别人学习,对我来说已变成了一种宝贵的学习过程。当我提出(给出)一个有一定深度的问题(评论)时,对方会自然而然地提高谈话水平,因为他们意识到了我对这个话题很精通。销售建立在彼此互信的基础上,分享知识是这个过程的一部分。

你的思想是你的动力。销售力公司(Selling Power)的创始人兼首席执行官格哈德·格施万特纳(Gerhard Gschwandtner)是我的好朋友。我们借助各自的人脉建立起了联系,对学习的共同兴趣让我们的联系更加紧密。格哈德对销售人员及其工作做了大量研究,我们用很多时间讨论思维是如何影响销售方式的。格哈德关于销售思维的影响的论述如下:

> 正确的思维让你带着激情开启每天的销售工作,并承诺交付客户以价值。神经科学证明,大脑前额叶皮层作为大脑的中枢,是你内心深处的首席执行官,控制着你的心态。如果研究一个普通销售人员的大脑扫描图,你会发现他大脑的某些区域没有被激活,他们的思维

处于"自动运作"模式：他们不知道如何控制自己的心态，而完全受控于自己的情绪；他们不知道热情的销售人员能多卖 38% 的东西；他们不知道拥有乐观心态的人平均能多活 7.5 年；他们不熟悉那些能够实现目标的思维方式和方法。

我认为格哈德是促使我写本书的原因之一，我们对于好的精神状态如何提高销售业绩的观点非常一致。这就是为什么我说：

<u>我们最难对付的销售对象就是我们自己。</u>

假如你做不到自信满满，客户也会犹豫不决！除非有一个坚实的信念体系，否则我们的信念会很容易受到外界事件的影响。销售不适合胆小而怯弱的人，原因只有一个：胆小的人会受限于胆小的思维模式。当我们有了正确的思维，我们会惊奇地发现以前难以解决的事情都会迎刃而解。因此要确保周一是最好的一天，以后的每一天都会延续周一那种充满激情的状态。

第 14 章 • • •
人脉是最好的投资标的

你的薪水是你最常接触的五个人的平均值。

——吉姆·罗恩

在生活中,谁对你影响最大,你从谁那里学到了最多的知识?还有个问题是,在你影响和帮助的他人中受益最多的五个人是谁?生活中最大的美德就是影响和帮助他人,使他们获得成功。如果这都不能让你兴奋,那么你的价值观就出了问题。如果真是这样,你为什么要做销售?

"如果想走得快,就一个人走。如果想走得远,就结伴而行。"关于这句非洲谚语,很难用一两句话讲清楚。我经常用到的一句话是这样的:

销售不是个人竞赛，而是一项团队运动。

这里的"团队"指的不仅仅指你和客户，而是包括了你接触到的所有人。单独行动不可取。从石器时代开始，人类就知道应该整个村庄一同外出打猎。在《圣经》第一卷中我们读到了："那人独居不好，我要为他造一个配偶帮助他。"（《创世纪》2∶18；新国际版）合作共事有利于事业的成功：与他人结盟时，我们会更有力量，事情会做得更好。所以说，人脉是非常宝贵的资产。关系网会帮助你实现理想，使你成了现在的你——正因为如此我在本章的开头引用了吉姆·罗恩的话。如果让你列出你人脉中都有哪些人，你能想起多少？对于你所列出每个人，其原因又是什么？

你需要有三个等级的人脉：第一个等级是核心团队——智囊团，你能够完全依赖他们；第二个等级是一个范围很广的团队，你可以利用他们的专业技能，同时你也提供他们所需的协助，这些人也是某个领域的专家；第三个等级是受你影响的人和影响了你的人。这就是人脉的三个等级（见图14–1）。

图 14-1　人脉的三个等级

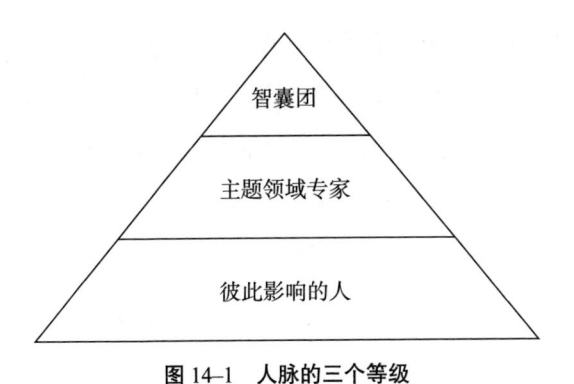

(金字塔图：智囊团 / 主题领域专家 / 彼此影响的人)

智囊团的力量

用一棵树做比喻，这棵树的每一根树枝都在成长，所以大树才能枝繁叶茂，健康茁壮。砍下一根树枝，它很快就枯萎了——树枝不该与树干分开。你就该如此看待智囊团的每个成员：整个智囊团就是一棵树，每位成员都是树枝。这个比喻是非常贴切的，因为智囊团的每个人都要互相支持。每个成员越强大，智囊团这棵大树也就越强大。

有些销售人员非常自信，认为不需要与任何人合作，更不需要依靠别人。但我却认为这样的销售人员恰恰最需要团队。为什么不借助别人的智慧呢？为什么不希望在困难时得到鼓舞呢？为什么不发挥自己的专长，帮助他人获得成功呢？

你需要找三四个值得信任的人，与他们分享你的观点。无论是通过正式的会面，还是通过短信或电话交流都是可以的。我是几个策划小组的成员，我们正式的聚会一年不超过两次，但是我们会定期交换笔记心得。我的目的是分享观点。我的信誉和责任心是策划小组运行的重要原因。

责任心是联结策划小组的纽带。萨姆·西尔弗斯坦（Sam Silverstein）在这方面树立了榜样，他相信责任心可以建立起成员之间的牢固关系。萨姆认为这和销售一样，关系是建立在信任的基础上的，回报则是双方可以相互依赖、相互支持。

验证某人是否可以加入策划小组的关键是是否了解彼此的目标，了解你是否可以为小组做出贡献。这点非常重要，因为这是策划小组持续发展的要素。

让我介绍下我的策划小组成员：迈克·温伯格、安东尼·伊安纳里诺和杰布·布朗特（Jeb Blount）。这些名字你可能熟悉，因为他们都写过关于销售的好书。我们彼此支持、相互鼓励。就在今天，我还给迈克发送了有关孩子的短信、与杰布通过视频交换了意见，并可能会和安东尼分享一条消息。

主题领域专家

最近,我在一次行业活动中与一群商界领袖做了交流,我向他们提出了一项要求,让他们各自列举出平时经常交往的25个人,而这些人应该能彼此相互学习,且每个人都是某一领域的专家。提出这项要求以后,许多人都感到茫然。最后,有人分享了他的25人主题专家团队,他的介绍让人大开眼界。我敦促人们在社交网络中引入在某方面更有经验、对事情有不同看法的人,这些人在言行举止中已经被视为某领域的领导者。与那些你能从中受益的人在一起交流分享是值得的,他们也能从互动中受益。

这次经历让我知道了,大多数人都很难列出10个人。这可能也是你当前的情况,切勿停止不前。尽可能地了解他人,评估他们是否能成为主题领域专家。销售是一项团队运动,我在人脉中感到与销售人员和非销售人员相处都是令人愉快的事。

彼此影响的人

能够彼此影响的人是人脉的基础。随着时间的推移情况会不断发生变化,某些人可能会成为某个主题领域的专家,原先的主题领域专家会成为核心智囊人员。我拥有三个智囊团，每位成员一开始都是对彼此发挥影响力的人。

《给予者》（*Go-Giver*）系列丛书的合著者鲍勃·伯格（Bob Burg）是一位交际大师。他将人们彼此间的影响力提升到了新的高度，提出了他所定义的人脉。和鲍勃交流，无论是当面、打电话还是通过社交媒体，你都会觉得非常自然。鲍勃有以下三条他乐于分享的、有关建立以及扩展人脉关系网的建议。

- 人脉关系网是一种互惠互利、给予和索取的双赢关系。
- 在平等的情况下，人们会与那些值得信任的人做生意，愿意为他们推荐业务。
- 假如每个人的人脉关系网络中有 250 人，那么当你与一个新人建立关系时，只要得到这个人的认可、信任，他就会为你充当该人脉关系网络中那 250 人的介绍人……因此结识一个新朋友，你的个人影响力就增加了 250 人。

细想鲍勃的第三个观点，即每个人的圈子中都有 250 人。我们来计算一下，你的圈子中有 250 人，而每个人又有 250 人的朋友圈，那么你的影响力可以直接扩展到 62 500 人。这应该能让你感到兴奋，因为你能影响的人数竟然如此庞大，同样你所能学习的对象也远比你想象的要多。

你今天帮助谁学习新知识了？今天与之相处的每个人都是一个学习机会。人脉的价值取决于你的个人价值——个人价值越大，你从人脉中得到的也就越多。

第 15 章 •••
销售是一项团队运动

如果没有在向目标迈进，或许是你的目标要求太低。

——杰克·坎菲尔德（Jack Canfield）

我们都会高估自己的聪明程度，其实聪明者恰恰是那些认为自己不够聪明的人。聪明者都知道成功的最好方法，就是与比自己聪明的人相处。我喜欢这句名言："如果你是房间里最聪明的人，那么你已经走错了房间。"销售不是一项单打独斗的活动，销售是一项团队运动。谁在你的团队中？你认为自己是在参与怎样的运动？准备从中学到什么？

销售不是打保龄球

销售不是打保龄球！我们可以把保龄球归为个人运动，一端是你拿着保龄球，另一端是 10 个球瓶。你的目标是把球扔出去，让它击倒尽可能多的球瓶。不幸的是，我看到太多的销售人员像打保龄球一样干销售工作。他们站在一端，手里拿着产品，客户在另一端。他们的目的是用尽全力，把产品塞给顾客，把他们"撞倒"。

销售不是打保龄球。你的顾客也不是可以被撞倒的球瓶。

把打保龄球的想法从脑子里清除出去。让我们结束这样的游戏！你可以简单地改变原有的思路吗？合上书本后就此做出改变？别自欺欺人了，它就像无法删除的电脑病毒一样继续存在着。上个季度末你在努力追赶绩效指标，你是如何进行销售的？那就是一场保龄球游戏！

你的虚拟销售团队应该包括公司和行业中的所有人员。要想保留最大的客户，你自己的人脉足够强大吗？告诉你，这是不够的！有很多销售人员因为失去了主要联系人而丢失了大客户。每次听到这样的消息我总感到遗憾，决不应该允许这种情况发生。出现这种情况唯一的原因是我们纵容了它的发生。客户是你的虚拟团队中的一员,你需要动态了解他们的情况。不可以在需要的时候才去建立关系,当出现问题时,联系一个你从未谋面的人是没用的。那么,你应该建立起多少人脉关系呢?营收目标是一个不错的参考依据。

这里有一个例子:

你们的年销售额:400万美元

总客户数:30

每位客户的平均销售额:13.3万美元

对于每户13.3万美元的营收,你都应该拥有一个强大的关系网作为后盾。

根据推算,每100万美元销售额应该有8条关系线。这样做的目的是能确保关注所有的客户。总会有例外情况,但这个参考因素会指导你获得增量收入。其基本的原理是确保你已经建立了关系,并利用机会创造更多的价值和销售。

你可以动员公司里的其他人,通过发展关系来建立起自己的团队。有些销售人员认为客户是他们的私有财产,结果是这些客户没能有最大化的产出。让其他人参与进来可以拓宽对话,自己也能学到更多东西。客户经理对商机的敏感性反映在他们与客户的关系中,若与竞争对手同时发现商机,这表示客户经理与该客户的关系不怎么样。

带上销售经理

　　销售经理在与客户打交道时有自己的计划。很多时候,客户拜访都安排在季度末或年终,因为此时正值大笔交易的竞争阶段。错了!若只专注于某个时段的订单就很难形成深入的关系。销售经理应该在年初就出现在客户面前。我喜欢选择新年伊始有一个原因:彼此的对话可以更具战略性和启发性。销售经理的目标是在与客户发展更深的关系时发现新的商机。

　　一年前,我在一家大型化工公司工作,我们制订了一项销售经理拜访客户的计划——要求销售人员在第一季度的客户拜访中带上他们的经理。效果是非常显著的,我们发现了几项新的商机。从这个过程中学到的东西使销量经理大大领先于竞争对手。如果销售经理不在一线拜访客户,这一切都不会发生。

　　中西部实验室的首席执行官兼总裁布伦特·波尔曼(Brent Pohlman)深知高层拜访的价值。他认为,他的职责是与客户进行沟通,并努力寻找解决方案。布伦特经常和首席客户体验官达娜·伯基一同参加客户会议。达娜了解到销售团队很优秀,每位销售人员也都知道,让首席执行官参与进来可以增强对话。由此就可以看到他们作为一个团队是如何协调一致地运作的。客户也看到了这一点,其结果是产生了新的商机。布伦特每周都会告诉我他发现的商机，他参加的每一次会议都因为他的参与而变得更有价值。这种价值同时体现在公司和客户身上。由于他对客户的关注，他所在的公司被视为处于行业的前沿。

优秀的销售人员不会做出所有的决定。我常说："谁愿意建立更广泛的人际关系，谁更主动地向别人学习，谁就会赢得成功。"著名的球队之所以会赢，是因为他们是一个强大的整体。谁能加入你的团队？你需要怎样的人际关系？

你对客户的客户了解多少

我曾与中国厦门的一家制造商的老板兼总经理喝茶。席间我们有过一段对话。他告诉我公司是如何成立的，并分享了他所制造的每一种产品的细节。他对公司的业绩感到无比自豪，坚持让我看他公司产品目录的每一页。但是我对他的客户更感兴趣，所以我问他把产品都卖给了谁。他毫不犹豫地回答："出口商。"他认为已经回答了问题，于是又给我看了另一个产品目录。我再一次问他能否解释一下他的客户是谁。"出口商。"这次声音更大了，他以为我第一次没听清楚。

我又问："出口商卖给谁？"他面无表情地盯着我，他确实不知道。他知道的就是他把产品都卖给了出口商，仅此而已。我离开他的办公室时,头都晕了,倒不是因为喝茶,而是因为我们的谈话。我被震撼到了,一家拥有数千名员工的制造公司的老板兼总经理竟不知道谁在使用他制造的东西。

我刚才分享的情况来自中国,但是这种情况也可能发生在洛杉矶、迈阿密或任何其他城市。太多的人不知道他们的产品卖出去后去了哪里。他们同样不知道消费者是如何从他们出售的产品中获益的。如果你对帮助他人充满热情,那么你应该把"读懂客户"融入你的销售策略中去。

你最后一次全程跟踪产品是在什么时候?客户对你如此重要,你应该弄清楚关于产品销售后的一切,不仅仅是购买产品的人,还有他们为之服务的客户。不管你的客户是谁,他们也有每天都要照顾到的客户。

不要有这样错误的想法:"和别人交谈没有什么意义。"无论是公司的员工还是客户,三人行必有我师。只有不思进取的销售人员才会拒绝学习。你有很多信息需要了解,这些信息就是你的资本。把自己定位为销售领导,那么你就有责任去了解客户。从客户的角度思考问题,这不仅要考虑你销售的产品,还要考虑与客户有关的一切情况。

列出五个最大的客户,然后记录他们的目标客户。对每个客户都遵循相同的流程:他们的客户是谁?他们的上下游和同行分别是谁？这是一个很有效果的方法。如果你像大多数销售人员那样，你会发现你的不足之处，这表明你并不那么了解客户。

列出了五个最大的客户的情况以后，就需要进行深入研究了。制订一个90天计划，告诉你的客户他们需要见谁，需要问什么问题。这个程序有两个目的：首先，销售对象会更重视你，因为你在主动学习；其次，当你有了新的资讯以后，很有可能发现新的机会，从而可以帮助他们。

信息带来更多的信息

掌握了客户的客户的情况，就可以利用这些信息获得更多的其他信息。加深与客户的关系的最好方法之一，是向他们发送关于他们客户的见解。最近，我和一位首席执行官共进午餐，他们不久前和一位新客户签了合同。我了解他所在的行业，关注着行业中发生的动态变化，当他说出客户的名字时，我告知了一些他还不知道的消息：他公司的客户不久前在财务领域受到了负面评价。他很感激，并立即通知了他的首席财务官，后者进行了进一步的调查。首席执行官很欣赏我的观察力，这使他们能够采取适当的行动。虽然首席执行官是我的客户，但我还是要去了解他们的客户。

在你销售的公司对象中，从高层获得回复的最快的方法就是给他们发送一个关于他们客户有价值的故事的链接。当事情还在进展之中，你会被认为是在照顾他们业务的人。这是一个我强调的技巧——不仅适用于销售人员，也适用于高级管理人员——作为其与其他公司的管理人员保持联系并加深关系的方法。

向高层人士发送链接这样的事要在周末做。在工作日，首席执行官的时间都很紧张，但在周末他们会关注电子邮件。周末他们不工作，但仍处于工作状态，这便有更多的时间阅读和钻研感兴趣的问题。一篇关于他们某个客户的文章，这可是一个重要的信息，你将成为决策者心目中的宝贵资产。

转发消息链接时，要总结并添加你的评论。要用简短的语句来做总结，接着用简短的陈述说明为什么它很重要，同时加上一两个问题让他们思考。让对方知道你花了一定的时间，你不只是转发链接，也是在分享你的观点。添加评论的另一个好处是，许多高层人士不会打开一个链接，以避免恶意软件破坏他们的网络。向他们提供简短的评论，他们就可以在不打开链接的情况下从你发送的内容中受益。

这种方法成功率很高，我经常用这种方法来加深与高层人士的关系。分享过这个想法的人都赞赏它的使用结果，这种方法加强了现有关系。这是毋庸置疑的。

第二部分　你最重要的资产

如果销售对象与客户关系密切，那么了解销售对象的客户会更有价值。与他们交谈时你会成为了解他们客户的人，他们会更多地把你看作合作伙伴，而不仅仅是一个供应商。他们想知道你对他们客户的看法，这也表明了你的意见是有价值的信息。

所以你卖给一个特定细分市场的产品越多，你就会越了解产品的下游客户。那些只向特定行业销售产品的人，一定要了解客户的客户。你的目标是深入了解这个行业。信息创造信息，信息创造机会，机会创造价值，价值创造销售。

如何与采购部门相处

如果你必须与采购部门打交道，这段文字会改善你与它们的互动方式。最糟糕的事情就是采购部门阻碍了销售。它们认为你只是一个供应商，而你要做的就是改变这种观点。

与你合作的采购部门也有它们服务的对象，可能是公司内部的，也可能是公司外部的。有时候，采购部门不知道它们买的是什么，更不知道如何使用，以及在购买订单上签字后东西去了哪里。这些采购人员通常都超负荷工作，他们埋头苦干，因此对购买的东西的了解也就很少，这是你被他们视为专家的机会。他们的部门制度可能会限制你和公司里的其他人交往，但这不能阻止你。

不知道客户采购部门所服务的对象，说明你是个不太称职的供应商。采购部门负责特定的任务，每个任务都有一组管理人员。采购部门服务的对象涉及从财务人员到仓储人员的一系列人，采购部门是供应链的核心，它们需要满足多个服务对象，有时还要服务外部的客户。

如果和客户的采购部门一起工作，你能知道它们的客户是谁、目标是什么吗？

保持好奇心

以下是与采购部门合作时需要厘清的问题：

- 在管理供应链时，你面临的关键问题是什么？
- 你关于存货周转率和现金管理的目标有哪些？
- 你是否有订单执行或发票准确性的问题？
- 你所在部门的任务是什么？年度目标是什么？
- 你必须达到的指标是什么？

你可能以为我提这些问题一定是疯了。我确实疯狂，这表现在我的工作中！在不同的行业中，我向客户采购部门的人无数次提出过这些问题了，他们从来没有把我赶出门去。

有两次我的提问冒犯了他们，有些人用讥讽的口吻回应，称这些信息与我无关。但很多次，我都得到了礼貌的回应，有些人告诉我说他们不被允许透露这些。但是我确实经常能得到答案，并且这完全改变了我们的关系。不管我是否得到了答案，这都改变了他们对我的看法。由于提出了这些问题，他们知道我不是只懂得报价的销售新手。去吧，开始提出这些问题。你没什么可失去的。

你从这些问题中了解到的信息将为你开启新的大门。当采购部门对你另眼相看时，他们就会开始接受其他要求。你的使命就是让他们的工作变得容易，那你就要了解他们需要服务的对象。

销售人员会说，采购人员不断地与他们讨价还价，压榨他们。相信我，这是他们一天中最轻松的部分。最难的部分是当他们向上级汇报时，因为他们会因为产品太贵而被拒绝。你了解了这些人后就有能力去帮助他们。

第三部分

雷区与思维陷阱

> 思维之柔性仿若气体,膨胀以填满承载它的容器。
>
> ——内森·梅尔沃德(Nathan Myhrvold)

第 16 章 •••
应用程序不应控制你,你应该掌控它们

技术是有用的仆人,但也是危险的主人。

——克里斯蒂安·卢斯·兰格(Christian Lous Lange)

前沿的科技应用中充斥着各种魅惑,它们正以销售促进计划的形式,将人们吸引到各类应用程序中去。通过电子邮件和社交媒体,这些辅助工具闪着诱人的光芒。这些所谓的"解决方案"通常会让你沉溺其中,让你感到相见恨晚。难道你的销售技能如此欠缺,以至于一定要购买 SaaS(软件即服务)解决方案?通常,人们甚至都赚不回花在 SaaS 系统上的钱的一半。但是,人们很容易相信所面临的问题可以通过一款软件来解决。这和那些快速减肥的商业广告很类似,不是吗?

我对这类解决方案有两点不满：第一，很多时候，这些提高销售效率的工具是用来解决根本不存在的问题的，方案所阐述的问题压根不存在；第二，不存在万能的解决方案。对于那些打算购买解决方案的人，我建议：把钱省下来，先审视一下自己，问问你自己，为什么一定要付出这笔钱。很多时候，你要的解决方案并不存在，解决办法在于改变自己的行为。难道销售工具可以给你带来电击感或疼痛感？即便能，它的效果仍取决于你是否使用它，购买但从未使用的 SaaS 系统的数量惊人。这些解决方案的公司有很棒的销售和营销团队，它们擅长兜售梦想。我发现，最具生产力的销售团队和销售人员很少使用 SaaS 解决方案。这些漂亮和诱人的解决方案并不能解决你的问题——它只不过是一个工具而已。

如果你购买了一款 SaaS 程序，但是业绩并没有增长，请不要责怪它。工具是什么或者它声称能做什么并不重要，它只是你的工具而已。我用了相当长的时间来帮助销售团队摆脱基于云计算的销售工具。他们以为工具是一个解决方案，结果却造成了大麻烦。出于保护当事人隐私的考虑，我不会提及公司的名字，但有一家公司特别引人注目。它们的销售人员效率不高，所以管理层正在寻找解决方案。管理层认为缺乏生产力是由于缺乏工具，他们花了大量的钱进行研究、购买、定制系统工具和实现他们的愿望。他们非常兴奋，甚至开了一个大型销售会议来推出这套解决方案。在管理层看来，这套解决方案最终会让销售团队效率倍增。六个月后，他们打电话给我说，销售处于低谷，销售团队的生产力更低了，销售副总裁即将被解雇。管理层本以为他们已经找到了解决方案，他们认为遇到的问题可以用一组强大的销售工具来解决。但事实是，这些工具只会激化问题——成事不足，败事有余。人才是问题所在，管理团队是错误的关键！管理层认定销售团队缺乏积极性，其实销售团队很有动力——他们正在尽力寻找其他的工作，而且很快就离开了。

销售团队工作效率不高的原因有很多，但最大的问题是新的 SaaS 解决方案——一家受人尊敬的咨询公司与管理层合作设计的一个方案。我不认为这是咨询公司的错，我了解管理层，我知道咨询公司注定要失败：这家咨询公司只是采取了简单的方法，构建了适合管理层需要的系统；管理层则利用咨询公司来掩盖自己的不足。

在公司内部，没有人知道管理层要做什么，各部门都在各自为政。公司的问题在新系统运行之前就已经存在了。新系统所做的事就是把问题暴露得更加明显。最明显的问题在管理方面，包括销售副总裁，他完全脱离了现实。没人对生意不景气感到惊讶。如果不是大股东要求把我请进来，不知道会造成怎样的后果。我留下来是应了控股股东的要求，我并没有受到管理层的热烈欢迎。这家公司的情况绝非个例，很多时候，人们认为他们的问题可以通过购买系统来解决。

你不能指望靠应用程序或软件系统来纠正问题。我并不是反对 SaaS 解决方案，而是反对销售人员在使用它们时的不合理期望。思考一下，下面哪一项能让你加入销售冠军俱乐部？

A：成为一个知道如何使用"X"软件的专家；
B：超额完成你的销售绩效目标。

答案很明显是 B。但有些人会反驳："马克！我必须使用这个系统，如果我不使用，我就会被解雇！"我明白这种处境，因为我曾经也经历过。不要让体制支配你的工作，软件不可能自己完成工作——你才是销售工作的核心。

<u>应用程序不会让你变得可靠，只有你自己才能做到。</u>

是的，我忍不住再告诉你一个事实。

这个问题不仅仅存在于公司中。我接到过无数销售人员的电话，他们购买的解决方案最终比需要的强大 100 倍。他们耗费了大量时间在软件更新上，试图找到方法来证明他们的购买是合理的。

如果你计划投资一个项目，就先问自己一个问题："如果它能带来它们声称的 20% 的结果，这会对我有用吗？"为什么要用 20%？因为绝大多数软件解决方案都在使用效果上夸大其词。这可以追溯到早期的个人电脑，它宣称不再需要纸张，但是现在我还在使用很多纸张。价值主张只是一种宣称，我们需要的是实实在在的结果。

优秀的销售人员不是由销售应用程序驱动的。他们会有选择性地使用应用程序，做他们想做的事。

第 17 章 • • •

社交型销售——既不是社交，也不是销售

计算机的诞生是为了解决以前并不存在的问题。

——比尔·盖茨

社交型销售既不是社交，也与销售无关！应该把这句话标记在 MySpace 账户或美国在线（AOL）的聊天室里，以引人注意。"社交媒体是买卖双方和谐互动的途径"的说法就是个笑话。为什么每次我登录领英的时候都有人向我推销产品呢？他们发送的信息实际上是要求我购买的广告。然而他们并不了解我。最糟糕的是，这些人一次也没有尝试去了解我。显然，他们不知道社交的定义是什么，我甚至怀疑他们压根不在乎社交。

社交媒体的发展如日中天，但它就像艳阳一样，你不能

凝视它太久，这会伤害你的眼睛。社交媒体也是如此！人们被误导认为最好的销售方式就是通过社交媒体销售。我喜欢社交媒体，但它不是销售的灵丹妙药。这个平台既解决不了销售层面的问题，也不能治愈疾病、防止饥饿，或消灭霍乱。它只是一个工具！

我听到人们声称，世界正发生翻天覆地的变化，不能再像过去那样，依靠电话或其他曾经有效的销售方式，一定要使用社交媒体。通过社交型销售，你将可以解决与客户相关的问题——似乎这就是"万灵药"，除非你是假药贩子，否则别再谈什么"万灵药"了。

太多的销售人员浪费了宝贵的时间和金钱，在社交媒体上喋喋不休，他们认为这是促进销售的好办法。他们认为："如果我大量发布资讯和评论，人们会更多地关注我！"他们还会创建一份完美的个人资料，立一个可能与现实不符的人设。他们觉得，假如在社交媒体上做得足够多，人们就会从他们那里买东西。这种想法和高中孩子认为新衣服会让他们得到关注的想法一样幼稚。他们会觉得在数周内穿着同样的衣服会在同学面前掉价。让我们接受事实吧：

<u>流量和关注度不能直接变现！</u>

我们好像无法离开互联网，但不能认为自己可以像互联网那样无所不在。

流量和关注度是什么

你的帖子不会突然带来 1000 个新朋友和 5000 次点击率。这是不可能发生的。即使你获得了 1000 个新朋友，你也不会拥有同等数量的新客户。我并不是在否认社交媒体在销售过程中的作用。我说的是——你要特别小心，它被称为"万维网"是有原因的。网上有很多人，但他们就是你要找的人吗？

社交媒体会告诉我们每个人都在领英上。仅在领英上拥有在线简介的人的数量就超过了 5 亿。是的，确实很多，但谁在乎呢？反正我不在乎！领英上可能有 20 亿人，但我还是不在乎。重要的是我想接触的人在哪里？

你向我卖的东西不是 5 亿人都能用得到的东西。切勿被数字蒙蔽双眼。除非你卖的是水或卫生纸，否则大多数人都不是你的受众。领英这样的网站上的活跃用户是谁？虽然你每天都在做这样的无用功，但这不意味着其他人也都在做同样的事情。领英上的主要用户是人力资源和招聘人员、找工作的人以及销售人员。这些群体构成了其活跃用户的很大一部分。为了证明我的观点，你可以在领英上看看谁出现在你的动态中。他们就是这些类别中的一员。

在我们辩论领英上有多好之前，让我分享一些信息。我同很多首席执行官、高级管理人员和其他人在领英上有过联系。他们在领英上都有个人资料，但这不意味着他们会花很多时间在上面。他们可能会在无聊的时候看一看，但他们没有时间在那上面长期活跃。所以，我使用领英来收集各种观点，我会用它来建立长期的联系，但我不会用它来勘探商机，或者促进销售。

我认为，社交型销售背后的炒作来自社交软件的销售人员，他们试图向潜在客户，即其他领域的销售人员推荐社交应用。因为大多数销售人员不善于寻找潜在客户，所以他们愿意接受这样的替代工具。你觉得你可以用社交媒体去完成这些事情，你相信只有购买了社交媒体提供的增值服务才能在业务上得心应手。有很多人都声称可以让你的事业顺风顺水。但好的销售绝不是靠吞下一颗药丸就成功了。

我讨厌社交软件利用销售人员工作中的弱点，即他们会尽可能地避免与客户直接交流，而是混迹于图片、表情包、帖子之中。许多销售人员在陷入困境的情况下，很容易接受这样的诱惑：社交型销售是应对之道。他们在社交媒体上花了太多时间，其实并不是在寻找潜在客户。不久之后，他们就接受了我所谓的"如果……那么"游戏当中。

第三部分　雷区与思维陷阱

"如果……那么"游戏

许多销售人员在玩这款游戏。他们相信，如果他们购买了这个程序，那么就会有一个完整的渠道！销售人员和整个公司之所以相信这种社交媒体游戏，是因为他们缺乏自信。他们讨厌去做应该做的事，那就是拿起电话和潜在客户交流！

社交媒体无法取代电话。你可以将社交媒体与电话结合使用，这样就可以把网上的联系变成线下的交流对话。社交媒体可以用来做研究，但不要忘记，那是在虚拟世界中！社交媒体网站上的信息由用户撰写和更新。用户会发布关于自己的负面信息吗？当然不会。突然在领英上活跃的Global Widgets高级副总裁可能让你认为他是一个完美的客户。你所不知道的是，他之所以活跃是因为他刚失去了在Global Widget的工作。你会保持个人资料的更新，但是其他人不一定这样做。

萨姆·里克特（Sam Richter）是互联网搜索方面的大师，他和我的工作关系非常密切。他使用互联网的频率远远超出了使用社交媒体的频率。你需要经常保持警惕，尤其是当人们在网上发布大胆的声明时。"你不知道屏幕的背后是不是一条狗"，你一定听说过这句话。社交媒体上的信息也是如此。你需要对所有信息进行多维度的验证。萨姆·里克特有一款被他称为 Sales Intel Engine 的工具，只需点击几下网页就会显示大量的信息。去吧，查查萨姆的资料，看看有什么发现。

商机勘探需要利用一切可用的工具，包括社交媒体和电话。如果你不知道如何充分使用电话这一工具，建议你读一下我的书《高利润商机挖掘》(*High-Profit Prospecting*)。书中有几章专门介绍了销售拜访的艺术。

第 18 章
关于客户关系管理系统

我们所做的一切,不是为了使程序更好地运行,而是为了服务客户。

——杰夫·阿特伍德(Jeff Atwood)

假如我能从每个不想受到客户关系管理(CRM)系统束缚的销售人员身上赚到一美元,我就不会写这本书。我会写一本关于如何成为亿万富翁的书——如何从每个人身上挣到一美元。本章不会谈论抛弃 CRM,抨击 CRM 没有意义。当你不断抨击其他事情的时候,你会变得越来越消极。这不是本书的主题,当然也不是我的宗旨。

长篇大论地探讨在 CRM 系统上浪费的时间其实没有什么意义。我们换一个话题,分享应该做些什么来使得 CRM

系统发挥效果。同时，我在这一章会列举一些管理不当的例子，从而让你知道你不是唯一在应对这方面挑战的人。

这是一个咨询项目，由一家上市公司的首席财务官负责。在与财务官探讨的过程中，他提供了项目的细节：主要的目标是帮助销售团队学会使用 CRM 系统。该系统的安装费为 300 万美元。安装以后每年的运行费用约为 100 万美元。他是项目的倡导者，坚信这是一项明智的投资，而绝对不是开支。我的任务是帮助销售团队以正确和高效的方式来使用 CRM 系统，确保这是一项货真价实的投资。

显然，销售团队与这位首席财务官并没有达成共识。对销售团队而言，这个系统是完全无用的，纯粹是在浪费时间和金钱。我的结论与之相同。我是一个乐观主义者，看到了其中的一些可取之处。建立新的 CRM 系统是财务部门和人力资源部门的主意。他们认为这是一种控制成本、监督在其他国家工作的员工的方法。销售人员从未参与这个项目，只是在签订了合同以后才加入其中。

销售人员很快就发现了系统中的数据是用来对付他们的。他们怨气冲天，因为他们现在是在一个高度管制的环境下工作，这限制了他们的主观能动性。无疑，对于销售人员来说，这是一块阻碍销售的绊脚石。

在与销售团队合作时，我开始了解他们在做什么。销售人员和整个团队都在做同样的事情：向CRM系统中加载虚假数据，因为高级管理人员只查看宏观报告。许多部门甚至私下建立了自己的秘密CRM系统，因为这可以让销售人员在做报告时更方便。相信我，不要以为这种行为只存在于这家公司。

无论使用何种CRM系统，你都不要以此为借口来应付管理层。最重要的是不要让它占用用于销售工作的时间。利用好CRM系统，它是一个管理你时间的工具。我上述例子的结果很糟糕。该系统最终被废弃，取而代之的是由销售人员自行掌控的更简单的CRM系统。

我对CRM系统的不满之处在于，它过于关注报告已经发生的活动。这些系统应该是为处理客户相关事宜而设计的，但实际效果与之差距很大。你可以让CRM系统提供领先的指标。设想假如能从不同行业的众多客户那里分析出趋势，你会变得多么自信。你可以形成自己的大数据系统，从中识别关键信息。拥有行业或客户类型的信息将为你带来巨大的好处，信息会随着与人们的沟通逐渐积累，你会成为所在领域的专家。

此外，你还能从中获得对客户的更清晰的认识。我目前为一家大型企业服务，该公司向四种不同类型的客户销售产品。在与销售团队的会议中，我们根据行业和客户类型建立了一套完整的客户资料系统，每一类客户有不同的需求形式。这使得销售人员能够更密切地关注每一类客户的需求。到目前为止，销售人员已经取得了巨大的成绩，原因是客户资料系统使他们感到更加自信。

各项领先指标包括考察各个行业的购买行为。CRM系统的目标是建立行业板块，让你可以按行业或渠道存放所有这些信息。通过这种做法，你可以把客户关系管理变成领先的预测，而不仅仅是总结过去。

有远见的人说，CRM系统的价值在于给出了一个配置、价格、报价（CPQ）工具，有了这个工具，销售团队就有了可靠的前瞻性系统。这似乎是事实，但我不愿意认为解决一个问题的方法是添加另一个解决方案。是的，一个好的CPQ工具有助于CRM系统和企业资源计划（ERP）系统更好地工作，但这只是理论。我们以前多次听到有人提出大胆的主张，但在完美的CPQ工具出现之前，我们早已被各种CRM系统搞得晕头转向。

艾伦是我见过的最能干的销售人员之一。他很聪明，也非常懒惰。他偏安一隅，为几个行业提供临时招聘服务。艾伦当然不是工作狂，他讨厌公司的CRM系统。他想方设法地偷懒，只把最基本的数据输入CRM系统。他输入的数据量只够确保他不会被解雇。

使艾伦聪明的是他的笔记本——按行业划分，里面保存着他收集到的每一条信息。每个行业标签都对应一个日历，记录着客户最可能需要劳动力的时段。在笔记本上，他还保存了一份行业网址列表，可以从中获得更多的信息。这个笔记本就是他的工作手册。连续几个星期或几个月，他只为一个特定的行业工作。他是根据笔记本上的信息来完成工作的。他能充分利用时间，并自豪地说之所以有这样的工作方式是因为他很懒。他公开谈论懒惰让管理层感到无奈，但没有人比艾伦能够完成更多业务量。

艾伦懒惰的性格使得他会专注于关键的指标。有一天我和他一起工作时，我问他，为什么他的电脑上没有这些让事情变得更容易的东西。"我这么做已经很多年了——我懒得换了。"他的成功源于对关键信息的把握。

第 19 章
营销不会带来商机

不要为产品寻找客户,去为客户寻找产品。

——**赛斯·高汀**(Seth Godin)

销售和市场营销同时存在,那么当出现问题时,大家都负有责任。这是老生常谈。许多组织在业务不佳的时候仍然在寻找借口。不要再推卸责任了,我们应该承担全部责任。

要知道营销是在拥有大量受众的大环境下进行的,而销售的受众较少。这种差异就会让许多市场营销人员和销售人员产生矛盾。每个公司都有一些营销人员误认为自己是销售人员。销售人员认为营销部门应该做得更好!销售人员没有必要去定义市场营销。营销人员不要自认为比销售人员更了解销售。

每当我和销售团队一起工作时，常常会听到销售人员提及市场营销存在很大的问题。如果不加澄清，甚至销售经理也会跟着起哄，认为营销毫无价值，甚至应该取消市场营销，将资金和员工名额都交给销售部门。销售人员们醒醒吧，这是徒劳无益的！

市场营销是一场零和游戏吗

请不要指责市场营销人员，他们是在做自己的工作。你要告诉市场营销人员你做了什么，以便让他们知道怎样做才有利于销售工作。

我不想把本书变成一本营销类读物，我的观点是：营销创造了市场认知。事实上，许多营销团队认为他们的工作是创造商机，事实真是如此吗？销售部门的工作是完成业绩，而完成业绩、拿到工资、保住工作的前提是你得有潜在客户，而这一切都是从把握商机开始的。既然销售的成功与否取决于是否有商机，你肯定会想要掌控这个过程。

产生潜在客户的过程并不像市场营销部门所宣称的那样，但似乎只有少数销售精英认识到了这一点。有些营销团队把产生潜在客户放在首位，所以对他们来说数字很重要。他们能够产生的线索越多，就越觉得自己的工作很出色。在后面的章节中，我将与你分享为什么更多的线索对销售反而不利。

没有销售人员会拒绝市场营销人员创造的商机，业绩最好的销售人员也不会。但是他们知道自己找的商机会更好，因为他们要为自己的成败负责。

反观你目前掌握的商机是从哪里来的？你是否记录了每笔成功的销售，记录了它是从哪一条商机中产生的？我惊讶于竟然有这么多的销售人员缺乏对商机的价值评判，他们只是根据自己的能力预判要处理多少商机。不了解商机的来源及其价值说明你对销售工作漠不关心。

如果销售人员掌握的都是不可靠的商机，那会是非常可悲的。可靠的商机和它的来源对销售人员来说很宝贵。当你了解并掌握了商机创造的过程，你就会成为一个"造雨人"，而不是一个"雨桶"。

你是造雨人还是雨桶

雨桶是用来做什么的？雨桶用来收集雨水的。造雨人担当什么样的角色？他们的任务是走出去，设法让天上下雨。做销售就意味着你要成为"造雨人"，而你的工作就是寻找可以让线索转变为客户的商机。让市场营销成为雨桶，他们的在线促销和广告收集的是雨水，雨水会滴滴答答不断地落在雨桶里。

销售人员都在努力找寻他们可以抓住的商机。这是造雨人的工作，假如你选择守株待兔，那就只能依靠市场营销的"雨桶思维"，而且雨桶中不见得有你需要的优质商机。

我在一个工业销售团队工作时遇到过两名销售人员，他们会比其他人都更快地完成业绩指标。他们通常打一两个电话就完成了任务，别人却要打五六个电话。这引起了我的注意，我问他们是如何做到的，他们的回答是依靠市场营销的能力。

这两位销售人员与市场营销部门建立了密切的联系，收集整理出了一套销售材料和商机资源。对于工业产品的销售人员来说，拥有必需的材料对他们来说是一件大事。我询问他们，完成这些需要多长时间，他们说是两天。在这两天中，销售人员请营销人员和他们一起去拜访客户。一旦营销人员参加客户会谈，他们就可以体验到销售拜访的真实场景。他们现在在同一条船上。

你如何让营销人员理解你的工作？你又如何了解营销人员在做什么？争执和抱怨是无用的。通常情况下，矛盾的产生是由于相互之间缺乏了解，以为销售人员和市场营销人员之间的互动只发生在年度销售会议上。如果这就是你公司的现状，你需要站出来发挥带头作用。现在就联系营销部门，要求与他们会面，目的只有一个——更多地了解他们的目标和日常工作。同样，市场营销人员也需要了解销售人员的目标，不要只是把客户的联系方式扔给他们。安排一次和营销人员一起参加的会议，这很重要。

如果你与市场营销人员的关系不融洽，无法让他们与你一起出去，那么就改变策略。用对待客户的方式对待市场营销人员，把他们看成新的商机或潜在客户，设法坐下来通过引导式的提问来倾听他们的看法，最终目标是让他们成为你的盟友。不要把时间和精力用在公司的内部争斗上，你的战斗是在市场上与竞争对手争夺客户。

营销部门应该向谁汇报

在为三家跨国公司工作的15年里，我有幸同时从事销售和市场营销工作。是的，我从事销售工作的时间比市场营销要长得多，但请相信我，我是一个有市场营销情结的人。在担任营销角色时，我曾经开玩笑说，生存下来并得到晋升的唯一方法是尽可能少地惹恼别人。即使是今天，在咨询工作中，我也总是离不开市场营销人员。我对市场营销人员是很信赖的，但我认为市场营销部门需要向销售部门汇报。唯一的例外是，公司所属行业是一个以消费者为中心的行业。

只有这些公司的市场营销才能独立运作。专注于企业对企业（B2B）的公司是以销售为导向的，由销售人员完成最终销售。既然销售人员是促成销售的因素，那么营销部门向销售部门报告就是很正常的。

第 20 章
销售之道在于质量而非数量

今天,销售人员的不同之处在于他们能带来全新的想法。

——吉尔·康耐斯

销售比拼的是数量还是质量?这个问题经常会在销售人员之间引发争论。我讨厌这个争论的原因是我不关心数字!你可以拥有大量的潜在客户,但可能没有任何产出,除非你拥有愿意付费的客户。

拔掉记分板

销售人员热衷于记分。我想说的是,每个人都喜欢记分。问题在于你可以喜欢数数,但这并不证明它值得数。我看到好多销售人员迷恋毫无意义的数字。他们如此专注于数字，甚至变得有点痴迷。这是我不喜欢在社交媒体中使用数字的原因：衡量社交媒体的数字太让人分心了。

拔掉你的记分板。如果你做不到，就把它的权重降低。别去理会那些用记分系统衡量事情的人。唯一重要的数字是你创造出的满意客户的数量，以及他们带来的长期价值。销售不是数字游戏，销售比拼的是质量。

商机也是这样。不是所有的线索都可以称为商机，只有能带来潜在客户的机会才能称为商机。尽早验证商机以使其发挥价值。线索没有意义，因为你对它们知之甚少。一旦商机经过努力转化为潜在客户，销售人员就要付诸更多努力使它成为真实客户。最宝贵的资产是时间。我不能把时间浪费在不打算买东西的人身上。

在早上醒来时，假如有高质量的商机在等待着你，这肯定会是美好的一天。不要让自己被数字绑架，这些数字会让你错误利用你的时间。我刚刚在媒体上看到一家公司被收购，因为这家公司的首席执行官在玩数字游戏。他坚持要让所有的销售人员每天给潜在客户打 30 个电话，完成 4 次产品介绍。他认为这是每月至少完成 8 笔交易的关键。这听起来很合理，但只是听起来而已。虽然他对目标如此坚定，但目标仍旧未能实现。他只关注这一个数字目标，实际上他应该关注的是销售团队的营业额。由于销售产品的复杂性，没有人能达到目标。即使是优质的客户也需要五到六次会面才能签订合同。销售人员会发现他们无法维持每天 30 个新电话和介绍 4 次产品的工作量。光是这两项工作就几乎耗尽了他们的时间，他们再无法做其他的事情。因此，你应该了解你所追求的数字对业务的影响。这家公司现在是一家大公司的分部。销售团队现在要达到的标准是——与客户接触的时间。

面向客户的时间

面向客户的时间（customer-facing time，CFT）应该是一个重要的衡量数字。它是一个高质量的数字，传达了销售人员所做的事情，即与客户进行直接的面对面的互动、电话交流或通过电子邮件联系，用于积极地与客户进行探讨。思考客户计划的时间、针对客户的调研以及在 CRM 系统中输入客户数据的时间统统不计入 CFT。CFT 只衡量与客户面对面交流或线上交流的时间。

CFT 数据在很大程度上反映了员工的勤奋与努力程度。当与团队合作时，我经常使用这个数字来了解他们开发新客户的时间。在《高利润商机挖掘》一书中，我抨击了许多销售观念，其中的一条是：销售人员在完成了所有事情之后才会去考虑未来。这个误导让许多销售人员无法完成销售配额，因为作为销售人员必须腾出时间来展望未来。

新客户不会自动送货上门。当我和团队成员一起工作讨论 CFT 的时候,我要求他们把 CFT 分成两类。一类是针对现有客户的 CFT,即照料现有客户的常规事务;另一类是用于探索新客户的 CFT,即验证商机并找到那些有购买意向的人。我希望销售人员计划自己的两类 CFT,这是非常有用的。

关注这两个指标是很有必要的。有些业绩不佳的销售人员,他们把大量时间耗在老客户那里,这就过度了。用于现有客户的 CFT 已经足够多了,这必然会造成用于开发新客户的时间少之又少。那么什么才是合理的界限呢?这取决于销售的类别、你所在的行业,以及其他很多因素。一个良好的开端是这样的:开发新客户的时间不应少于 15%。只要是优秀的销售人员,在开发新客户方面都会不遗余力。

实践会告诉我们,再怎么强调 CFT 的重要性也不为过。CFT 的数量不足表明有太多的非销售活动占用了销售时间,增加 CFT 就会增加销售额。

不要做电子表格专家

那些为销售经理工作的销售人员,他们把很多精力用在了制作和更新电子表格上。这里我只提到销售经理,但有相当多的销售人员自己也严重依赖电子表格。他们赞同这句话:"数字不会说谎。"但是只要有人迷恋数字,我就能知道他把时间用在了什么地方。这是分销商、经销商、销售代理和他们公司普遍存在的一个重要问题。这些公司会设置一个销售经理,负责管理销售事务。这些远程电子表格专家认为,只要专注于数字,一切都会很完美。

如果你对销售充满热情,就不会去玩数字游戏。客户没有时间玩这些游戏。充满激情的销售人员是不会为电子表格管理员工作的。电子表格的专家不管怎么进行管理,都不会对销售有任何帮助。我的建议是:"停止这一切!"如果你认为玩转数字是一种尖端技术,那你可以去赛马场下注,但是请不要再装模作样当销售主管了。

电子表格上的数字与实际情况会有很大不同,这是要引起警惕的。应该停止这一切,把电子表格归档,然后去实地观察发生了什么。只有与客户开始交流,销售才会实现。

第 21 章

销售管道应该是水龙头，不是下水道

不要像许多销售人员那样不断加码，相信最后能大获全胜。假如把结果押在最后，你可能会全盘皆输。长久与活跃客户保持联系，让销售业绩不断改善。

——哈维·麦凯（Harvey Mackay）

本章承上启下继续探讨销售不是数字游戏，而是质量游戏的话题。太多的销售渠道被莫名其妙地堵住了。销售机会就像是一条下水管道，而且被严重堵塞了。往堵塞的管道里注入更多，只会雪上加霜。这是销售人员普遍的处境，如果靠近它，你甚至能嗅到它散发出的气味。

这样的管道需要活塞吗

是时候放弃这些如同下水道一般的商机了。别和自己开玩笑。手头上已经有了100张名片,你无法再去处理在贸易展上收到的200张名片了;你也早已忘记曾经收到的346份客户的电子邮件,然后这些也可能是不错的商机。销售机会被堵塞的原因有很多,通常情况下,可以归结为两个原因:(1)当你看到自己的渠道充满机会时,你会有一种安全感;(2)管理层需要充足的商机储备。

管道会在不同的地方被堵住,我们会简单地说,上面、中间和下面。太多的商机只是客户的问询,这些信息堵塞了上面的管道。在中间阶段,它可能会被潜在客户卡住,他们再也不与你联系了。最后,当报价亮相的时候,下面可能会被阻塞,无法完成交易。无论管道在哪里被堵住,结果都是一样的:项目没有如期推进,你没能利用好时间。当涉及开发未来客户时,还有这一点要加以注意:

在开发新客户的时候,切勿做那些你做不到的事。

如果你不能处理在贸易展上拿到的200张名片,那么就不要开始这项工作。你的管道中只能存放你有能力处理的事项。把精力投入到营销活动中，而不要浪费在这200张客户名片上。在一天的时间里，你没有足够的时间来开发200个商机。

几年前，我到一家公司工作，这是一家以销售为主业的企业。为了提升销售额，销售经理一直受到来自高管的压力。他被告知要实施一项计划，以实现公司计划中的销售额，否则就有可能失去经理职务。销售经理制订了一项计划，要求每个销售人员每天呼叫100个新客户。除此之外，还要照管现有的所有商机。能力特别强的人可以在4~6小时内打100个电话。只要粗略估算一下，就可以知道这样的工作量必然会让整个体系崩溃。因为你根本做不到。不要开始一项你无法完成的工作，除非你希望在压力下创造奇迹。

这简直是一场灾难。销售经理实施计划不到两周，7名销售人员中就有2人辞职了。其他5人的士气和业绩跌落到有史以来的最低点。我制订了一个新计划，并迅速落实到位。我的第一步是把每天的呼叫电话从100个减少到20个。这一改变给了团队足够的时间去经营商机管道，根据各商机所处的阶段依次跟进。在六周内，销售数字扭转，销售工作重回正轨。销售团队现在有更多的时间专注于更少的客户。当你集中精力的时候，少即是多。

急切地只专注于创造更多商机会使得工作失去平衡，最终导致管道的其余部分也被堵塞。每当与一家公司合作时，我都会查看需要打折或需要特殊优惠的交易比例。将这一比例与行业标准进行比较可以揭示出一些显而易见的问题。多数人认为折扣是由于谈判或交易技巧不成熟导致的,我认为市场拓展才是根本性的问题。你很难从一个低质的潜在客户这里,以全额的价格来完成项目。你试图找到一种方法来吸引客户,但这不可能,因为你一开始找的潜在客户就不对。

不可能把沃尔玛的顾客变成诺德斯特龙的顾客

沃尔玛和诺德斯特龙(Nordstrom)这两家零售商在各自的零售领域都做得很好,但它们吸引的是不同类型的购物者。两家零售商都了解自己的完美客户,也都知道如何接触他们。沃尔玛非常注重折扣,而诺德斯特龙则以高端客户为中心。它们不会浪费时间去吸引其他零售商的顾客。你也需要这样做,知道谁是你的完美客户,然后去争取他们。如果你的领先优势与客户期待的不一致,就不要浪费时间。

有条件地筛选商机,让它们进入你的销售管道。仅仅在网上填写表格不会使它们成为可靠的潜在客户。在商机的早期阶段,它们只代表了一种意愿,距成为客户还很远。所以必须自信地对商机加以验证。尽早验证商机,就可以少做无用功。

对于销售新手,他们在接洽客户时缺乏信心,验证商机时容易出错。当你相信自己有能力帮助他人做出改变时,你就会更有信心开展工作。自信的销售人员相信,与他们相遇的商机并不是手里唯一的机会。假如有人无谓地利用你的时间,你必须将他们从你的销售管道中清除出去。

关于潜在机会是否有效,应该参考以下几个问题:

- 有什么迹象可以证明这个机会是真实存在的?
- 这是值得我投入时间的好机会吗?
- 我是否知道为了关闭机会,我需要消除哪些障碍?
- 这是未来能为我带来销售机会的商机吗?
- 我能否最大限度地利用这个商机,同时又不会错过其他更好的机会?

是的,这些问题很难回答。筛选出完美的商机很难。你的目标应该很简单——将更多的时间花在更少的潜在客户身上。

更少的潜在客户,更多的时间

更少的潜在客户的观点与许多销售经理的观点背道而驰。举个本章前面描述过的例子,我要关心的是以下三个方面:已经被排除的商机数量、为完成项目需要的折扣率、项目结案的速度。我在下一章中将详细地讨论速度。现在讨论前两个问题。

当找到了合格的客户，并且了解了他们的需求，就有可能在降低价格的情况下达成交易。如果不对潜在客户进行充分观察分析，就不可能知道他们的关键需求是什么。或许你会有一种预感，但无法证实。和潜在客户探讨得越深入，就越能了解关键所在。这需要时间——只有在工作时间比较充裕的情况下，才有可能实现，因为真正有用的商机都已经在销售管道中了。

如果在一天工作开始时就知道了今天要深入挖掘的潜在客户的真正需求，谁不会感到兴奋呢？但是如果今天的工作是在低价值的机会中寻寻觅觅，就会感到有压力。你更喜欢哪一种，下水管的管道还是水龙头？

第四部分

不要被客户牵着走

> 我不是我所处环境的产物,我决定自己的未来。
>
> ——斯蒂芬·柯维(Stephen Covey)

第 22 章 ● ● ●
快速销售等于过程简化

把工作分解,就没有什么是特别困难的了。

——亨利·福特

特别提醒:没人关心你公司的历史,或者你有多伟大。说实话,你的孩子不在乎,你的母亲可能也不在乎。探讨快速销售就是要让你放弃与产品无关的展示。原因很简单:你可能已经把它打印出来了,并浪费时间介绍了你的公司。但是,客户根本不在乎!语音留言?这是最常见的情况了,不管给我留言的长短,它和我并没有关系。自信的人不用向人们宣扬自己多么厉害。只有缺乏自信的人才会这样做。你是哪一种?

在本书中,我多次强调了时间的价值,所以必须同样珍惜客户时间的价值。你越快完成交易,你就节省出了越多的时间。这是个很简单的道理。而且,你卖得越快,为客户创造的价值就越多,因为你没有占用他们过多的时间。这并不意味着你要忽略提问和了解客户需求的过程,尽可能多地倾听顾客的声音永远重要。

从商机到付费用户,这个过程需要多长时间?在一次和某科技公司的区域副总裁共进午餐时,他表示一位称职的销售人员至少要三天才能成功完成一个商机的变现。他说所有的网站咨询会先发送到旧金山的办公室。之后的程序是:首先将它们转发给区域经理,然后将它们分配给相应的销售人员,由销售人员进行个别联系。如果我是潜在客户,绝不会用三天时间等待答案。这家公司的"销售部门"实际是在拖销售人员的后腿!政府机构的响应速度也没有这么慢。

另一个问题是将潜在客户转变为正式客户需要多少互动。互动方式可能是打电话、发电子邮件、当面的交流——评估每一项需要多长时间。大多数销售团队都能自信地回答这个问题。但我提出从长期来看,这些时间应该被缩短。

我的公司会将网站的新信息发送给员工,同时也会抄送给我。这么做是为了加快速度。一年前,在等航班登机时,我从网站上发现了一条潜在客户的留言。这是一位销售副总裁,问我是否愿意在他们的全国销售会议上发言。按照预留的电话号码,我立即打了回去。收到销售副总裁的留言后不到一分钟，我们就进行了交谈。是的，他很震惊。他说的第一句话是："我五分钟前让助手给你发咨询，想不到你可以这么快就回电。"他接着说，他估计应该要过几天才能得到回复。我们谈到我刚出版的《高利润商机挖掘》这本书，我告诉他我在写作中会用实践方式验证每一条列出的准则。在登机的时候，我还与他进行了长达五分钟的交谈。在机舱关闭之前，就已经确定了合同——而且是全额付费的。这便是销售人员该有的速度！

你的反应有多快？对反应的准备有多充分？通过从我的商业伙伴萨姆·里克特那里学到的互联网搜索技巧，我能在不到30秒的时间里对任何公司或任何人形成初步的见解。你的目标应该是在最短时间内完全了解特定的行业、渠道、地理区域或任何主题。你越专注，就越能理解你的客户。我强烈建议你去阅读萨姆·里克特提出的一些技巧。深入了解客户和他们所处的行业后，你提问的质量就会提高。快速销售关乎获得知识的速度，这意味着要能够提出切中实质的问题。

如果说我对咨询商机有不喜欢的地方，那可能是它会引向一个陌生领域。所谓陌生领域是指你从未涉足过的细分市场，或是你不熟悉的行业或特定客户群。你对此一无所知，最终可能会把时间耗在没有结果的猜测上。尽管付出了很大的努力，但仍然无法对细分市场有清晰的认识。对于这种情况，要注意你的时间。用一小时研究公司和行业就很好，这是因为没有这样的准备，你是无法和客户沟通的。担心自己显得无知，一小时的研究是否就足够了呢？我坚持在打电话前用在研究上的时间不要超过一小时。不要浪费时间去了解前途渺茫的商机。

快速报价绝非捷径

另一种无用的商机是单纯索要某件物品的报价——太简单的要求，他们只想知道价格，别无他求。做过销售的人都会遇到这种情况。不要认为快速报价就是快速销售——快是很快，但这绝不是销售，索要快速报价的人基本上都并不想买，或者说他们想买，但不是从你这里买。最有可能的是，他们是在寻找一个价格，以验证目前进行中的购买决策是否划算。如果你去询问采购部的员工是否使用过这种技巧，你会得到一个假笑——这是理所当然的。

对快速报价的回复应该是这样的："谢谢你联系我们。我们有很多产品和方案可供选择，我怕给你错误的报价。让我问你几个问题，以确保我提供正确的方案。"这样的回答可以充分验证这条潜在商机。永远不要给出价格，直到你知道你面对的是真实的买家，而你清楚他们想要的结果是什么。

第四部分　不要被客户牵着走

最重要的时间：倾听客户

快速销售的实质是让客户尽可能充分地阐述自己的需求，并且你能用灵活的方案对这些需求加以满足。当我为迪拜的一家公司服务时，我意识到这家公司的目标市场已经发生了变化。一年前行得通的方法现在已经过时了。现在，销售人员要用相当于以前三倍的时间才能完成项目。销售成本直线上升，于是只能提高价格。我们的决定是改弦更张，经营简单的产品，缩小购买受众的范围。没过多久，销售额就显著增长了。客户可以更清楚地看到产品的价值，原本要几个月才能卖掉的东西，现在几周内就卖完了。最后，业务变得简单了——越是简单的业务，销售越是容易。

当我们把客户和他们的需求放在第一位时，销售速度就会加快。如果没有从不再购买老产品的客户那里得到信息，公司便不会知道应怎样做出改变以适应新的形势。这里的经验教训是："永远不要轻视从客户那里得到的信息。"它现在可能不重要，但在以后的某个时候，它可能会引导你做出关键决策。

第 23 章
一针见血地提问

不要浪费时间回答问题，花时间去寻找答案。

——马克·亨特

你是否向客户提出过他们无法回答的问题，而你自己对此同样一无所知？有些销售人员明知道顾客不能回答，但就喜欢问。他们觉得可以借此来表现自己的优越感。我认为这种提问很愚蠢！别去糊弄客户，销售人员只是想让自己显得很聪明。缺乏信心的销售人员，他们会在每次销售拜访时耍这种小聪明。他们觉得自己很乖巧，顾客显得很笨拙，这衬托出了自己的聪明。这种小手段对自己和客户都没有好处。

你的提问反映了你的自信程度

自信的你会提出更好的问题。顾客有信心时，也会提更好的问题。当双方都很自信时，他们之间的对话会充满活力。双方提出的具有启发性的问题，很可能会促成一次实质性的、富有成效的谈话。结果是会进行销售拜访和发现新的业务机会。这个过程中还可能会邀请更多人参与。由一项讨论导致正式的拜访是令人兴奋的。

这个过程的关键在于要足够自信，引导对话涉及问题的核心。因此，你必须掌握在什么时候将漫无边际的闲聊拉回到正轨上。最好的方法是在商机的初始阶段让对话自由展开。这样做可以让你发现更多机会。随着销售过程的进一步推进，你会提出问题，从而让他们更加专注。

有些销售人员不敢提出尖锐的问题。不管问什么问题，都不要害怕——你不会触犯法律，太阳仍然会在明天升起。大胆提问！如果你没有问应该问的问题，那么丢掉了销售机会你也别抱怨。

"给我一些材料"是陷阱

如何应对一个对你没有兴趣、却又不愿意明示的潜在客户？这是我经常问销售人员的问题，并以此评估他们。你一定听到过这句话："先给我一些材料，我会回复你的。"读到这里，你会回想起在微信上看到或在电话上听到的情景。缺乏信心的销售人员会尽责地满足这一要求，向他们发送信息。他们觉得自己干得很不错。他们通常不打电话，只会发送一封礼节性的电子邮件，结果就是没有任何效果。这样做是浪费时间，但销售人员觉得他们在做自己应该做的事。事实上，我很惊讶于在培训课程中经常发现销售工作中有这么多的错误行为需要改进。

客户询问或者索要材料很正常，但不要在没有得到更多的客户信息之前就送出去。你必须提出问题，至少也要找出他们的需求是什么。如果他们不能表达需求，那么他们凭什么觉得需要阅读材料呢？当面索要材料时，我会先问一些宽泛的问题，比如他们的需求是什么，然后再根据他们分享的内容提出另外一些问题。我的目标是争取与潜在客户见面，而不是给他们发送资料。

目标很简单：接受客户的要求，发出最基本的信息，并将其具体问题转化为下一次会谈的内容。这是最快的澄清客户是否有可能成为实际客户的方法。否则你就是在白白浪费时间。最宝贵的资产是时间，不能把它浪费在对你不感兴趣的人身上。

跳过演示阶段

如果躲在演示文稿或脚本的背后,你永远不会提出一针见血的问题。一个明显的事实是:

<u>最好的销售演示就是根本不做销售演示。</u>

必须将演示文稿束之高阁了。市场营销部门花费大量时间来创作演示文稿,并坚持让你使用这些演示文稿,客户不会对此有兴趣的!不管是当面陈述、视频通话还是打电话,他们都不想要。如果他们想要了解演示内容,可以去网站。客户想要对话和交流——他们想要解决所面对的问题,他们想要被提问、被引导并得到最终的方案。假如这一切从无聊的演讲开始,会有最终的解决方案吗?销售人员称为"演示拜访"的环节,实际上是讲课的另一种方式。如果这就是你的工作,你已经不属于销售人员了。不管是演示还是讲座,你只会让顾客昏昏欲睡。

不演示也不表示你可以毫无准备地去进行销售拜访。恰恰相反,这意味着你必须准备更多。无论谈话处于什么阶段,准备工作都是必不可少的。你必须学会在不依赖销售工具的情况下与客户沟通。

当你自信满满,不再需要借助演讲开始时,神奇的事情就会发生。客户会对你产生信任,进而双方会产生新的见解。你发现自己用更少的时间创造了更大的机会。你会觉得整个过程更有意义,因为你在真正地与客户交流。

发挥个性,你不是机器人

在销售过程的每个阶段,你必须具备针对客户特定需求的洞察力。对话是双向的,你必须充分发挥自己的个性。如果你不是极端内向的人,你的个性就是一项重要资产。你个性化的一面会让客户放松,会让谈话变得更轻松。

如果有人用友善的方式提出了一个有挑战性的问题并展示了自己的个性,你不会紧张,或是感觉受到了威胁。但是一个与你没有任何关系的人提了一个很难回答的问题,你会觉得这是一种威胁。在与潜在客户的第一次互动中,让你的个性闪耀出来。这是建立关系的关键!让个性充分发挥出来,你会更有力量和动力。在没有压力的时候,我们会有更多的能量可以发挥。这听起来可能令人难以置信,但它确实会产生一系列连锁反应。让自己的个性表现得淋漓尽致,他人的个性也会充分表现出来。突然之间,甚至都不需要用一个问题,对话就会变得更加自由开放,你会从中收获更多。

带上老板

当你打算提出尖锐的问题时，最好和老板一起拜访客户。只要老板和你在一起，谈话就会自然而然地变得更有活力。我总是提醒说，销售人员和老板可以问顾客一样的问题，但他们听到的答案却完全不同。当两个人参与销售拜访时，就会产生一些变化，提问和谈话会向更好的方向发展。

如果你是有大客户的客户经理，那么再怎么强调带老板去拜访客户的重要性也不为过。在客户公司的财年之初尤其如此。这是了解客户今年将面临哪些挑战的最佳时机。你可以有目标地询问客户新的计划和其他感兴趣的话题，以发现商业合作机会。

永远不要把问题憋在心里，没有什么问题是难以启齿的。问题越难，你可能发现的回报就越大。

第 24 章

听到"不"的价值

切勿让无法做到的事情影响到你力所能及的事。

——约翰·R. 伍登(John R. Wooden)

与那些专注于寻找潜在客户但遭遇失败、最终辞掉销售工作的人交流,你可以从他们的抱怨中听到一个原因:他们无法忍受一次次被拒之门外。无论是在面谈、电话还是电子邮件中,被拒绝都是人们不希望发生的事情。我不禁感叹,客户们能用各种方式对销售人员说"不",还有出现在"不"后面的诸多理由。

在销售过程的各个阶段,销售人员都会听到成千上万次的"不",但有一件事从未发生过。我以前说过,现在我还会再说:你不会因此受到实际的身体伤害,你不会流血,不会受伤,更不会遭受灭顶之灾。"不"只是一个词而已,只是这个词往往让人失望。

<u>"不"不会是永久的,只是某个瞬间而已。</u>

我们都记得小时候父母对我们说"不",这意味着我们会再问一遍。不管最终问了多少次,孩子只想得到肯定的答案。那么该如何做到?首先要能判断是先去找爸爸还是找妈妈,哪位比较容易妥协。这是我们的一项技能。我们自己的孩子不也在这样做吗?!

当我们成年以后,"不"这个词更富情绪化。或许是在中学的时候,你被告知没能入选球队;也许是因为被我们梦寐以求的毕业舞会的舞伴拒绝后的创伤——更让人伤心的是,拒绝你的那个人和你最好的朋友(现在是你的前好友)一起去参加了舞会。听到"不"这个词变成了痛苦的经历。我们失去了反复要求所热爱的东西的天真,这是一种耻辱。我这样的描述是指一般的人。然而,你不是一般的人。因为你从事的是销售工作,肩负更大的使命。

"不"这个单词尽管结构简单,但它有很多定义。《韦氏词典》将其定义为副词、形容词和名词。我喜欢它有这么多不同的定义,这让我有机会反问那些对我说"不"的人,你

第四部分 不要被客户牵着走

们为什么说"不"呢?

让我感到惊讶的是,在与我共事过的销售人员中,有很多人在听到"不"之后什么也不问。听到"不"之后,他们就收起帐篷,继续上路了。这种情况发生在销售过程的每个阶段,从商机探索到完成交易。对这些人来说,他们一旦听到"不",游戏就结束了。但是对我来说,听到"不"是一个全新的起点。从这一点上,我相信更好的对话即将发生,更好的结果将会到来。

首先要理解"不"这个词的意思。我必须强调,要始终把"不"看作短暂的,而不是永久的。你越相信你的方案有益于客户,你坚持下去的决心就应越坚定。我能看到接受"不"的销售人员和他们的自信程度之间的直接联系。如果你对帮助客户没有信心,任何挫折都会对你造成伤害。

威利·乔利(Willie Jolley)博士是我见过的最乐观的人。他的乐观主义思想传遍了全世界,他对"不"这个词有着特殊的见解。"为了得到一个肯定的回答,你必须愿意接受被无数次拒绝。'不'现在成了我的力量维生素。我听到的次数越多,我就变得越坚强。"如果你曾经听过威利的讲话,当读到这句话时,你就仿佛听到了他的声音。听到"不"是一种维生素。不要以为他是随随便便说出这些话的。他有被拒绝了几千次的经历,但他今天比以往任何时候都更有活力。他确实服用了维生素"不"!

与销售人员共事时,我会问他们多久会听到顾客说一次"不"。我想知道的是,当听到"不"的时候,他们会做何反应。无论他们的销售水平如何以及类型是什么,他们的回答都透露了很多信息,不仅仅是信心,还关乎如何在心理上做好应对的准备。

最简单的方法就是提前准备好两份清单:一份是你想问的、对推进项目有帮助的问题;第二份清单更直接,这是听到对方说"不"的时候所准备的回答。这也是我认为要在每个行业中尽可能多地获取信息的原因。对一个客户有效的方法,通常也适用于同一行业的另一个客户。

客户说"不"的两个原因

有人对你说"不"的时候,通常有两种原因:(1)他们可能没有时间讨论,因为有其他更重要的事情;(2)他们没有了解产品的全部价值,所以不想继续讨论或购买。这是两种性质完全不同的原因,不能搞错了。因为议程上有更重要的项目而说"不"是一种原因,销售人员应该在认识清楚后在一个适合的时间加以跟进。当然,越早讨论越好。不过,这是一个由客户控制的决定。

客户因为没有充分认识到产品的价值,因此缺乏兴趣而说"不",这就要引起你的警觉。你一定要帮助他们看到价值所在,这是开展继续交流的理由。彻底弄清楚客户的需求,什么是他们最大的痛点,并据此细化能够提供的方案。假如客户没有明确需求,那就用一个概要型的提问来寻找产品可以发挥价值的地方。

提前参与

尽量避免听到"不"的方法是尽早参与到客户的对话中。尽管有许多教人们如何处理销售拜访的文章,但许多销售人员的表现仍不尽如人意,在介绍自己公司方面耗去了太多的时间。客户没有时间去了解这些。在商机探索阶段,你也不应该以此作为开启交流的手段。如果你坚持己见、我行我素,相信你会经常听到客户对你说"不"。

深入了解和分析客户的需求,在此过程中避免提出尖锐的问题,目的是可以继续对话从而找到双方的共同点。除非明确了客户的需求,否则你无法回应客户的"不"。必须做好充分工作,如果在这个过程中遇到任何一个"不",你都要准备好回应方式。

时间宝贵。但是"不"可以节省出许多时间,并让你更深入、更有效地思考。在销售过程的早期,深入询问客户会显示你的销售素质。如果你的产品是服务,这一点尤其正确——销售方式决定了客户如何看待为他们提供的服务,而提一些尖锐的问题会降低过程中的风险。

首先,仔细观察应该说些什么,应该如何说。从第一次拜访客户,一直到订单完成,一切都应该围绕客户的需求展开。我在这里重复一下《高利润商机挖掘》中的内容,其中一条是特别值得牢记于心的:在接到潜在客户的电话后五秒内要提出第一个问题。每次与潜在客户的对话,目的都是收集他们的新信息。如果这个过程中只有你自己口若悬河、滔滔不绝,那你什么也发现不了。在与客户的每一次互动中,首要目标是通过互动制订下一步工作的计划。

当潜在客户开始分享信息时,你就有了与他们持续交流的机会,接着还会有更深层次的接触。参与其中的人越多,得到的信息也就越多。这个重要的技巧很简单:就是进行一场把对方放在首位的对话。

解决缺乏自信问题的最好方法是做我前面介绍过的练习——列出客户列表。在这个清单上,记录下有助于他们的所有方案,同时列出他们从中可以获得的成果。做了这样的练习以后,你会有绝对的自信。让我再重复说一遍这个重要的原理:

你提供的方案功能越强大,你的责任和重要性也就

第四部分　不要被客户牵着走

越大，这可以表示你能够彻底改变用户目前的业务。

我喜欢这句话有一个很简单的理由：你绝对不能让自己接受不了客户的拒绝，然后放弃。因为你的方案有助于别人，这意味着你有不可推卸的责任继续联系他们。他们可能还不了解，他们也可能会继续拒绝，这只是因为他们还不明白你所能起到的作用。

安德里亚·华尔兹（Andrea Waltz）在她的书《直面拒绝》(*Go for No*) 中写道：

> 高绩效的销售人员重视用户的"不"，而不是害怕和避免"不"。当情况发生彻底改变时，你经常会获得意想不到的成功，因为"不"中蕴含着新的机会。
>
> 被拒绝的时候，一定要保持平和的心态，准备东山再起。
>
> 普通销售人员听到"不"时，他们认为一切结束了。优秀的销售人员听到"不"这个词时，他们认为销售过程才刚刚开始。
>
> "不"是销售过程中的一条弯路。无论做什么，都不要有畏难情绪。"不"是有价值的，因此没有理由表现出失望。
>
> 无论是立即做出反应还是在后续工作中跟进，都要

保持与客户对话。你可以说:"我明白你的意思。出于好奇,你能否告诉我为什么不继续该项目吗?"或者"谢谢你直截了当地答复我,我能知道为什么吗?这样我才能知道以后如何为你服务。"这时,你就有机会得到新的信息,从而把"不"变成"好的"。

"不"不是永久的。自信的人会说:"没关系。让失败来吧,失败让我越战越勇!"从客户那里听到"不"的时候,我们要勇于提出问题,因为我们自信,我们知道会有这样的结果,我们不会有任何损失,他们才是遭受损失的人。他们之所以彻底失败,是因为他们执迷不悟,不承认你方案的价值所在。但是不要责怪他们,而要责怪自己没有能力让客户清楚产品的真正价值。

第 25 章
不一样的客户

从你遇到的人身上学到知识，与你关心的人分享，这是一种荣幸。

——马克·亨特

是时候打破另一个销售谬论了。我们被告知对客户要坚持不懈，一直打电话给他们，直到他们购买为止。这可能需要六周，或者是六个月，也许是六年……但你永远不要放弃。你知道我怎么看待这个销售谬论吗？

<u>你可以放弃某个潜在客户，甚至也可以放弃现有客户，而这可能是你销售生涯中做得最好的事情。</u>

时间是最宝贵的资产，你每天都只有24小时，有很多事情是我们生存所不可或缺的，比如睡觉、吃饭、搞好个人卫生等。这些都需要时间。所以必须尽可能以最高效的方式、方法来利用其余的时间。

永远不要轻言放弃潜在客户、商机，以及生活中的重大机会。如果你不愿挨饿，你必须完成一定的销售量。宁愿在新客户这里碰壁，也不要在毫无希望的潜在客户那里浪费时间。所有销售人员都有这样的客户，即使你联系了他们一千次，他们也不会从你这里买东西。

对潜在客户是否该执着

人们往往会尽可能多地接触客户，直到他们购买你的产品，但我很难相信不断重复效果甚微的事情会有好的结果。这并不是说在尝试了四五次之后你就应该放弃，其中存在一种辩证的关系，时间和机会的价值关系。

假如反复拜访潜在客户的价值与年度目标一样重要，那么请坚持不懈。你所投入的时间有可能获得回报。假如不管怎么做都没有效果，那么就需要质疑投入的时间是否有意义。相比之下，买彩票可能是一种更好的利用时间和金钱的方式。

第四部分　不要被客户牵着走

对于一些购买量较小的潜在客户，可以快速接洽。他们存在于商机管道中，尽管回报可能较低，但需要投入的时间却很少，关键是要有合理的平衡。那些只追逐大客户的销售人员，如果最终失败，其情绪会变得非常低落。只善于完成小额交易的销售人员，会因为赚不到大钱而感到沮丧。关键是取得平衡——你的管道需要有多种类型的潜在客户。

人们常说不要轻易放弃一个潜在客户。但是不存在完美的解决方案。我建议评估以下五件事：

- 商机的大小；
- 失败的概率；
- 其他潜在客户的数量；
- 你的时间有多宝贵；
- 该客户对公司是否有重大意义。

在任何情况下都不要做情绪化的决定。因为情绪化会带来损失，要么过早错误地放弃了一个很好的机会，要么浪费了宝贵的时间去做无用功。

我的原则很简单：保持商机管道充足，同时对每条商机进行验证后再允许其进入，而且要有这样的认识，即放弃一个潜在客户只是目前情况下的选择，并不代表永远是这样的。对销售人员来说，没有什么是永远不变的。对于拒绝你的潜在客户，你可以过几个月后再联系他们。

同样的做法也适用于当前的客户,如果他们给你带来的只是麻烦,而你和公司里的其他人似乎都无法让他们满意。对此你有四种方案可供选择:一是继续承受客户带来的麻烦;二是时间长了让习惯成为自然;三是把该客户资源让给竞争对手;四是通过协商重建双方的关系。

放弃客户

我们都会有想放弃的客户。如果目前还没有,少安勿躁,很快就会有的。这种类型的客户往往在你意想不到的时候出现。这是一个很有争议的问题。我和许多销售人员讨论过无数次。如果你有自己的公司,那么需要说服的对象就是你!

在考虑放弃客户之前,你首先需要了解这种情况是如何发生的。通常情况下,不好的客户是由错误的销售流程和错误的期望造成的。摊上了一个让人头疼的客户,基本上是因为销售人员只顾及完成销售指标。果真如此,那么销售人员要负直接责任。麻烦的客户不是天生的——我相信他们是由盲目的销售造成的。销售过程是双向的,就像是情侣之间的约会。

如果预期难以达成,最好的办法是放弃原有的协议。如果你打算花更多的时间来愚公移山似地解决问题，那是自欺欺人。快刀斩乱麻，最好是让竞争对手获得这个"难得"的机会。

如果这仅仅是一个投入更多就能解决的服务问题，那么解决方案可能在于提高价格。当然，提高价格并不是万能的方案，许多公司都有不同的对策。无须多做考虑，直接告诉客户新的价格，如果他们拒绝，那真是求之不得，赶快让客户炒了自己鱿鱼！

不要将时间浪费在不欣赏你的服务、不懂得为自身创造价值的客户身上，也就是不要把时间浪费在根本不会购买你的产品的客户身上，因为你是肩负着重大使命的销售人员。

没有愚蠢的客户

你不会因为客户愚蠢而把他拉黑，因为根本不存在这样的客户！千万别讲自己的客户有多愚蠢，没有客户是愚蠢的。优秀的销售人员从不会到处说他们有愚蠢的客户。

愚蠢的客户是销售人员虚构出来的。这种描述其实就是一个借口：客户之所以不买产品，是因为他们愚蠢。和客户沟通，让他们了解产品是我们的工作！如果说客户是愚蠢的，实际上等于承认我们的沟通能力有问题。然后，销售人员的想法是，因为客户是愚蠢的，所以不值得沟通。对客户的错误判断成了自己工作的障碍。

贬低客户会带来不好的后果。一旦有了第一个愚蠢的客户，不久就会有第二个，不久后，所有的客户都变成了愚蠢的。这样的观点最终会影响销售的进展。你不会再费心思去了解客户的需求。你可能认为自己在倾听客户的诉求，但实际上并不是这样。虽然你听到他们说了些什么，但是没往心里去，那和没听见一样。

你怎么想不重要，重要的是客户怎么想。倾听客户的诉求可以知道他们在想什么。如果完全不知道别人在想什么，我们又怎么去满足他们的要求呢？销售演示经常会失败，因为这是一个单向的表达。我们应该把自己设想为教师，通过销售过程来完成教学。我们在指导客户方面做得越成功，客户就会越"聪明"。

称客户为笨蛋的做法极不应该，这与销售的宗旨相悖。销售人员应希望能够影响他人，帮助人们完成他们认为不可能的事情，所以，你必须揭示方案所带来的前景。如果客户知道自己被销售人员视为愚蠢的人，他还能接受这样的前景吗？

认为客户愚蠢对销售团队的成员来说是大忌。最近在一家公司工作时，我有机会和销售人员及其支持小组一起工

第四部分　不要被客户牵着走

作。有一位销售人员非常自负,而且很高调。他每每遇到不顺利的事情都会怪罪别人,说客户们多么愚蠢,还有其他一些不恰当的话。他觉得这样做可以显得高人一等,但公司里没有一个人信任他,没有人愿意帮助他,因此,他能够得到的支持就少得可怜。许多客户向公司表示不喜欢和他一起合作,这最后导致他完全丧失了自我。客户放弃了与公司的合作,公司员工也开始疏远他。我觉得本书出版的时候,这位销售人员连同他的自负会一并消失。把客户当成傻瓜,会让自己也变傻。

你可能没有抱怨过客户愚蠢,但这还不够,你也不要和这样的销售人员在一起工作。我发现有时候客服人员也会成为这样的人。因为没有客户在场,他们觉得可以自由地胡说八道,但没有意识到他们所说的话同时也反映了自己的思想,而思想会指导行为。

应该以更为友好的态度对待客户,对于任何形式的关于客户的负面言论,都应该零容忍,它会影响你的思想。你不应允许任何妨碍你专注于销售工作的事情。

第五部分

销售的未来

预测未来的最好方法就是创造未来。

——亚伯拉罕·林肯

第 26 章
完成交易，开启新的关系

成就客户，而非结束交易。

——凯瑟琳·巴尔切蒂（Katherine Barchetti）

为什么要将每次完成销售称为"结束交易"？假如我们认为我们向客户销售产品和服务是在帮他们在业务上更上一层楼，那这个词是不是不准确？我不赞同使用"结束"这样的词。完成一笔交易后，我们就建立了一种关系，而结束交易是我们最不想看到的结局。

<u>能够开启下一次商机的销售，才是好的销售。</u>

你能得到的最简单的生意都来自现有客户。他们会买更多其他的产品，或者介绍其他客户来购买产品。从完成第一次销售的那一刻起，你就必须计划好下一次销售。

把"结束"转变成"开启"以后，你的工作方式会发生极大的改变，会更主动地去联系客户。这似乎有些不可思议，改变一个词就会产生如此大的不同。相信我，这很重要。我从成千上万的销售人员那里证实了这个重要的真理。

改变你的理念，把原先提供的服务作为建立新的合作的基础。建立商机的方法之一是联系CRM系统中的每一位客户，即便已经过去了五年也没关系。打个电话，举手之劳。他们是过去购买过公司产品的人，完全有可能再一次购买。当讨论这个重要的策略时，我遭到过销售人员和经理的反对。他们说各种情况都随着时间发生了变化，他们声称同样的人不会再次购买产品……他们可能会找到很多说辞和借口。这可以归结为一点：他们害怕听到真实的情况。这真是个笑话！为什么害怕直面客户呢？你也希望客户能重新回来！我才不在乎发生了什么，或者假设可能发生了什么。是时候给他们打电话了。

我在《高利润商机挖掘》中用一章的篇幅讨论了这个问题。我建议大家去读一下，里面都是能帮你赢得生意的技巧。与曾经的每一位客户保持联系，即使是还没有机会得到的客户，这是一种聪明的做法。只接触少数客户而忽略了大众客户的情况十分普遍。

在我与小企业主组成的协会交谈后,一位企业主找到了我。他说,把销售看作建立新的关系,而不是完成销售的这种理论对他的公司意义重大。上次会议结束后,他立即给每一位在30天内交易过的客户打了电话。他兴奋地告诉我说,现有的客户给了他积极的响应,提供了大量的商机。这个做法初显成效后,他们开始回顾上一年的老客户,他们还计划给公司成立以来的所有客户都打电话。

有两个数字需要关注:客户首次购买后后续获得的业务量,以及通过推荐拓展的业务量。这两个数字能够展现个人的销售模式,也是衡量市场声誉的一项指标。在这个即时通信的世界里,声誉从未像现在这样重要过。

以上这两个数字还能够反映出过往销售工作的真正价值。销售的最终结果如果满足了客户的期望,这些数字应该一直在增长。数字揭示的另一项信息是,在初次销售后,你是否有效地与客户保持着互动。很多销售人员在初次销售后便与客户失去了联系,这实在令人遗憾。"客户互动"应该会带来新客户。只专注于处理新的订单,将无法产生增量业务。

不管卖的是什么,你都不能把客户看作一次性交易的对象。好不容易完成了一笔销售,然后就与客户断了联系,这是不明智的。

因为没有主动接洽,你错过了多少生意?你丧失了多少机会?给过去的客户打电话是每个周一这一天中最好的销售活动。打电话给那些认识的人,给在周一和你一起工作的人,是一种激励方式。在电话中,你会听到关于你如何帮助他们的积极评价。这些评价将丰富你销售活动的素材,你可以进行宣传并介绍给你的潜在客户。给老客户打的电话会带来推荐和业务。再没有比这样开始一周工作更好的方式了!

第 27 章
下一代销售

实现明天理想的障碍是今天的疑虑。

——富兰克林·罗斯福

销售的前景是光明的。我完全接受销售工作所应承担的责任。无论何时何地,只要听到有人在谈论销售,我都会注意倾听。销售是我的热情所在。我猜你也一样。你可能不会像我一样痴迷于销售,这没关系。我爱这个行业,自诩为这个行业的保护者、捍卫者和推动者。

我们在销售中所起到的作用不只是把东西卖给别人,我们还会提供咨询服务以及专业建议,不局限于客户。我不认为销售是有限的行为,销售习惯贯穿生活的各个方面。我们与他人分享得越多,我们就会变得越好。

分享行为的神奇之处在于：在分享的时候，你会惊奇地发现自己学到了很多新的东西。我们想成为好的销售人员，一个方法就是教别人如何销售。这是我大力提倡销售人员都要主动指导他人的重要原因。多年来，我在正式和非正式场合指导过数百名销售人员，他们也对我产生了影响。

我们要随时帮助别人，"随时"指的应该是在销售过程中的各个阶段。我有幸与销售人员交流并分享自己的想法，任何讨论都让我兴奋不已。很多时候，我能比别人学到更有价值的东西。

几周前，我和卡萨诺瓦·布鲁克斯（Casanova Brooks）共进午餐。卡萨诺瓦几年前在奥马哈的地产界爆红。与他交谈，你会感受到他富有感染力的个性和强烈的学习欲望。我问他："在一个经纪人供过于求的行业里，是什么让你成功的？"他的回答是：他能与行业内经验更丰富的人建立联系，并向他们学习。他利用销售社群不断学习，我问他这样做的目的是什么，他立刻滔滔不绝开始了分享。我们的谈话既广泛又深刻，双方都受益匪浅。这顿午饭令我精力充沛，他的很多想法让我更有动力。

拥有才能却无法发挥让人很无奈。作为销售社群的成员，我们的工作就是指导和帮助他人。今天可以联系谁？谁又在联系你？销售社群的功能取决于其中每一位销售人员，这是我们的工作和使命——将才能与他人共享。多年来，有很多人帮助过我。回报他人是我最正确的选择。

  商业驱动经济。没有强劲的企业，经济就会凋零。企业成功的途径就是拥有丰富的客源，这说明销售是商业的命脉。经济的强大得益于强大的销售团队，而这一切都要从你开始。

人工智能的出现

  不管人工智能如何发展，销售人员这个角色永远不会消失。事实上，我相信销售人员在未来几年会增值，我这么说也是因为人工智能。我不认为今后的经济生活中将不再需要销售人员。是的，人工智能将取代商业中的许多领域，但不是全部领域。人工智能是智能的，但它仍然是人工的。人工智能受编程内容的限制，对某些变量只能做出有限的反应。

  由于每年乘坐很多次航班，我有过不少与和机票预订有关的人工智能、现场预订人员和机票代理服务人员互动的机会。我经常乘坐美国航空公司的航班，我是它的超级粉丝。作为它的顶级旅客，我不记得是从什么时候开始成为白金会员的。我的旅行记录都在它的电脑系统里。当航班取消或延误时，我会受到一些特殊照顾。假如航班延误，而可供转机的选项有风险时，我会收到警示。它们不仅会提醒我，而且由于系统足够了解我，它会为我提供一两个可行的选择。我只需在手机上点击一下，系统就会为我重新预订机票。

这是自动化的一个很好的应用，不是吗？它确实很有用，但我很少会据此做出决定。我熟悉美国航空公司及其他航空公司的航班时刻表，这让我相信还存在其他选择。我希望能找到美国航空公司的常驻代表，通过他们的专业建议和电脑上的信息，我可以更全面地了解自己的处境。我总是能寻找到比系统建议更好的解决方案。如果情况发生在我居住地的奥马哈国际机场，我和美国航空公司的代表很可能彼此认识，这会让事情进展得更顺利。当我们面对面交谈，且双方互相尊重时，会产生更好的结果。这样的服务水平远远超越了人工智能。自动化系统能告诉我发生了什么吗？它能做什么？它只能提供一些方案可供选择。然而，最终还是有人为我提供了更好的服务和更好的方案。

人工智能不会淘汰销售人员，只会改变销售人员的工作方式。我们所得到的信息远远超过我们所能理解的。根据购买的商品的类型，我们对自动化系统的接受程度和容忍度会有所不同。

那么，是否所有的销售人员都可以高枕无忧了？我的回答是："不。"有些销售人员的未来是难以预料的，原因可能在于出售的商品类型，也可能在于他们的销售方式。假如你销售的是一种基本的、价格导向的、可以通过互联网轻松购买的商品，那么你的前途就有风险了。随着技术的发展，顾客越来越愿意使用互联网，销售人员就不再必要了。即使如此，我仍然看好销售人员的工作，因为总会有在线社区仍然需要人与人之间的互动，如微商。

银行业是一个正在经历重大动荡的行业。互联网和人工智能使许多传统的银行工作面临风险。智能手机可以做银行出纳员做的事情，这样我就不用开车赶去银行。我的智能手机是全天候在线的。但是这些变化并不意味着银行业注定要被取代。绝对不是这样。这只是意味着它们的工作方式和内容会有所改变。

投资或理财规划师的职业正在发生变化。10年前，客户的投资大都交由理财规划师负责。现在客户有大约50%的投资是由在线账户处理的，剩下的50%留给理财规划师。对于规划师来说，他们需要拥有更多的客户，才能完成同样的业务量。更多的客户意味着有更多的事情需要理财规划师关注。10年前，理财规划师不能在交易时间离开办公室。如今，在交易时间与客户在一起的灵活性要大得多。这得益于自动化和人工智能，因为自动化和人工智能可以帮助他们更快地完成任务，节省下来的时间可以用于与客户互动而不是处理交易。

另一类销售人员将受到严重影响，那就是懒惰的销售人员，他们只是扮演了客户服务的角色，守株待兔，等待送上门的业务。具体来说，就是指客户经理，实际上他只是一个管理员。可以预见，这种职务注定要被淘汰，而且比他们意识到的要快得多。因为他们把脑袋钻进了沙堆里，看不到即将到来的危机，等发觉时已为时太晚。

有人认为客户服务也属于销售岗位，是的，但那是以前。我认为现在销售已经不能局限于服务于企业了，转变已经发生了。销售的功能是创造增量。客户服务好比银行出纳，这是一些正在逐渐消失的岗位。我们对此无能为力，因为客户日益提高的需求是客户服务人员所难以满足的。而这是销售人员的机会，发现需求并介入其中，然后提供宝贵的增值服务。

第 28 章 • • •
对销售的思考

最困难的事情是做决定,剩下的就是坚持了。担忧和顾虑并不可怕,你可以决定你要做的事。你可以用行动来改变自己的生活,而这个过程本身就是一种回报。

——阿米莉亚·埃尔哈特(Amelia Earhart)

我是在周六下午写下这段文字的,那时我已经对下周一要打给潜在客户的电话感到兴奋了。如果你有销售头脑,就会爱上与销售有关的一切,尤其是周一。在整本书中,我都提到了积极开始一周的重要性。对我来说,没有比周一更好的日子了。我喜欢周一,我也爱每一天,这给我带来了学习和发现的新机会。在本书的前面,我介绍了成功的飞轮和它的四个组成部分——动力、成功、信心和激励。每个部分都为其他部分提供能量，这其中任何部分都是不可或缺的。对我来说，目标是确保成功之轮持续前进，不仅仅是在周一，而是在每一天。

对我来说——我希望你也是——销售不仅仅是一份工作。对我们来说，这是一种生活方式。人们问我怎样才能成为一名出色的销售人员，以下是我列出的成为一名优秀销售人员需要具备的条件。

- 优秀的销售人员会设定目标。他们肯定会这么做，而且设定的目标是普通销售人员望尘莫及的。如果目标不能让你达到成功的极限，那么它就不值得被当作目标。每一个优秀的销售人员都至少要有一个"登月"目标。你的登月目标是什么？更重要的是，你的登月计划是什么？
- 优秀的销售人员会爱护自己的时间，也爱护其他人的时间。行动导向的人能做更多事情，这不是因为他们有更多的时间，而是因为他们能充分利用时间。他们不仅看重自己的时间，也尊重他人的时间。
- 优秀的销售人员不甘于平庸。普通人追求适可而止，而优秀的销售人员从不满足于此。对他们来说，平庸就是失败。优秀的销售人员绝对不会是那种碌碌无为的人。你应该停止与哪些平庸的销售人员交往呢？
- 优秀的销售人员每天都在影响他人，让所有人都能取得成功。与他人交往是一个机会，这就是为什么优秀的销售人员会在周一如此兴奋。他们从周一开始，每天都在履行改变世界的使命。

- 优秀的销售人员会认为自己是自信的服务型领导者。服务并不只代表能力——这更是他们希望做的事。当你是一位服务型领导者时，这意味着你要把别人放在首位，让他们更容易创造成功。
- 优秀的销售人员知道开发潜在客户的重要性，并将其作为日常工作的重要组成部分。商业意味着交易，而交易必须要有客户。优秀的销售人员知道，如果想要得到客户，首先必须寻找客户。你如果拥有销售头脑，就会很兴奋地去寻找客户。
- 优秀的销售人员在结束一天的工作之前就知道第二天要做什么。不具备这种品质，就很难成功。当明确明天的目标时，你会更好地利用早晨的时间，你也会睡得更好。
- 优秀的销售人员不仅在工作中，而且在他们做的每件事上都是乐观的。形势好的时候没有所谓的乐观主义者；乐观主义者是在困难时期产生的。乐观主义者，是在困难的情况下能够清晰思考的人。乐观是你思想中的燃料，燃烧后的能量使你可以发挥出最大的潜能。
- 优秀的销售人员会不断地学习，不断地与他人分享学习成果。普通与优秀的一个关键区别在于这两类人看待知识的态度。优秀不是与生俱来的，它是一个过程，根植于学习之中。优秀的销售人员知道学习永无止境，因为总是有更多的领域需要了解。你的知识越丰富，你在影响和帮助他人的过程中就越能发挥更大的作用。

- 优秀的销售人员知道必须不断改进销售流程。没有什么是一成不变的。客户会改变，销售过程也应该与时俱进。优秀的销售人员会不断评估他们所做的工作，并寻找持续改进的方法。今天，你在哪些关键方面可以做出改进？

- 优秀的销售人员会对整个过程负责。有些人习惯于推卸责任，优秀的销售人员会接受所有的责任。他们知道责任越大，能力也越大，这对完成任务会产生影响。

- 优秀的销售人员不会在下班后就停止工作，他们将销售视为一种全天候的生活方式。对有些人来说，销售只是一份工作。对优秀的销售人员来说，他们不只是为了完成任务。优秀的销售人员对所做的事情充满激情，而他们的激情也会激起他人的热情。这种理念给了他们全天候努力工作的能量。

- 优秀的销售人员会秉持诚信做人的理念，这一点在任何时候、任何事情上都能表现出来。信任是商业的货币，它建立在诚信的基础上。优秀的销售人员知道这一点，也知道成功的基础是他人的信任。诚信要每天经营，风险在于它可能在瞬间失去。

- 优秀的销售人员会为自己的工作感到自豪，对自己所做的事感到骄傲而非傲慢。这并不是自吹自擂。骄傲就是自信——知道你所做的一切会给他人带来改变。

- 优秀的销售人员知道,深刻的原理能造就巨大的商机。遵循本书中所阐述的各项深刻的原理,许多出色的计划和策略自然会从头脑中涌现出来。优秀的销售人员是受原理驱动的,这也是激发他们热情的关键所在。
- 优秀的销售人员知道,成功不是他们昨天做了什么,而是他们今天将要做什么。太多的销售人员生活在过去的数字中。他们认为上个季度的成功能使他们在本季度成为更好的销售人员。优秀的销售人员知道每一天都有自己的价值,这是他们让周一成为高效销售日的关键原因。
- 优秀的销售人员都有一个同侪网络,他们对推动志同道合的人共同前进负有责任。成功的销售人员知道与其他成功的销售人员交往的价值。他们知道他们可以彼此互相学习,通过深入地学习、探讨和意见交流,能获得更大的成功。对他人负责是团队成功的动力。
- 优秀的销售人员会充分利用时间,把每一项挑战都视为机遇。每一天都是一份礼物,你要尽情地活出精彩——没有比这更好的了。周一很美妙,表现最好的人会充分利用每一天。

对一些人来说,周一可能是个累赘。但对你、对我,还有其他优秀的销售人员来说,周一就是实现梦想的日子。我想给你们留下两句让我深有共鸣的名言,让你们知道为什

么我不仅对周一充满激情,而且对接下来的每一天都充满激情:

> 只有我能改变我的生活,没人能帮我。
> ——卡罗尔·伯内特(Carol Burnett)

> 只要相信和坚持梦想,它就能实现。
> ——拿破仑·希尔(Napoleon Hill)

About the author
关于作者

马克·亨特在华盛顿的奥林匹亚长大。从西雅图太平洋大学（Seattle Pacific University）毕业后，他在职业生涯初期经历了几次挫败，最终成功地在两家跨国公司的销售和市场营销部门就职。

1998年，马克离开了公司，以"销售猎人"的名义成了一名顾问、演说家和作家。从那以后，马克在与英国石油、索尼、川崎、联想等数百家公司的合作中取得了很高的成就。每年，他花在旅行上的时间超过200天。他的客户遍及五大洲，超过25个国家。

马克的目标是影响他人，帮助销售人员找到可以不打折扣进行销售的客户。他坚信通过与客户建立信任关系，可以拥有终生的高价值的客户。

马克对销售的热情也体现在每年的销售会议上。他有幸成为销售行业大会的联合创始人，专门面向海外销售。在短短四年里，这个活动已拥有来自 15 个国家的与会者。

除了不断旅行之外，马克还要照顾他的妻子安·玛丽（Ann Marie）、两个孩子和孙子、孙女。他还为几个非营利组织贡献了时间和资源。最后，也是最重要的一点，马克始终坚持他个人的信仰。

要了解更多关于马克·亨特的信息，请访问 www.TheSalesHunter.com，并阅读他的书《高利润商机挖掘》。

A Mind for Sales: Daily Habits and Practical Strategies for Sales Success

ISBN：978-1-4002-1567-6

Copyright © 2020 Mark Hunter

Published by arrangement with HarperCollins Leadership, a division of HarperCollins Focus LLC. No part of this publication may be reproduced, stored in a retrieval system or transmitted in any form or by any means, electronic, mechanical photocopying, recording or otherwise without the prior permission of the publisher.

Simplified Chinese rights arranged with HarperCollins Leadership, a division of HarperCollins Focus LLC. through Big Apple Agency, Inc.

Simplified Chinese edition copyright ©2023 by China Renmin University Press Co., Ltd.

All Rights Reserved.

本书中文简体字版由 HarperCollins Leadership, a division of HarperCollins Focus LLC. 通过大苹果公司授权中国人民大学出版社在中华人民共和国境内（不包括香港特别行政区、澳门特别行政区和台湾地区）出版发行。未经出版者书面许可，不得以任何方式抄袭、复制或节录本书中的任何部分。

版权所有，侵权必究。

北京阅想时代文化发展有限责任公司为中国人民大学出版社有限公司下属的商业新知事业部，致力于经管类优秀出版物（外版书为主）的策划及出版，主要涉及经济管理、金融、投资理财、心理学、成功励志、生活等出版领域，下设"阅想·商业""阅想·财富""阅想·新知""阅想·心理""阅想·生活"以及"阅想·人文"等多条产品线，致力于为国内商业人士提供涵盖先进、前沿的管理理念和思想的专业类图书和趋势类图书，同时也为满足商业人士的内心诉求，打造一系列提倡心理和生活健康的心理学图书和生活管理类图书。

《99%的销售指标都用错了：破解销售管理的密码》

- 国际公认的销售管理培训大师呕心之作。
- 彻底颠覆销售管理的传统观念。
- 帮助企业走出销售管理误区，让销售重归正途。

《敏捷销售：从菜鸟到顶级销售的精进训练》

- 客户包含IBM、微软、埃森哲、希尔顿等知名企业的美国销售策略专家的超越之作！全美大受欢迎！作者的处女作即被《财富》杂志评选为销售人士的必读书籍。18个策略，18个技巧，18个习惯，全是干货！适合所有"段位"的销售人士阅读。
- 身处如今复杂多变商业环境，快速学习、及时响应、机智灵敏、把握稍纵即逝的机遇，对销售人士而言是必不可少的特征。

《呆萌营销心理学：让人无法抗拒的销售魔法》

- 揭示隐藏在具有说服力的营销信息背后的科学原理。
- 通过行为经济学与心理学核心发现的巧妙融合。
- 直击消费者痛点，打造让消费者无法抗拒的销售魔法。

《带出销售冠军：90% 的成功企业都在用的销售教练模式》

- 学会进行关键的教练式谈话，并通过招聘策略创建忠诚且团结的团队。
- 实现业务目标，使销售提速，留住更多的客户。
- 围绕战略变化建立买入机制，提高日常绩效。

《跟大师学销售智慧》

- 了解与掌握《世界上最伟大的推销员》的黄金销售法则与行动方案，成为销售精英，这本书足矣。

《销售绩效与薪酬奖励体系设计全书》

- 一本企业 CEO、销售总监、HR 如何利用销售薪酬工具推动业绩增长的必读书。
- 为企业高管制定双赢的销售绩效与薪酬方案提供合乎逻辑的领导方法、工具和模式,以期解决长期困扰企业业绩增长的根本性问题。

《爆红:让内容、视频及产品疯传的九个营销秘诀》

- 奥美集团广告大师罗里·桑泽兰德倾情推荐,澳大利亚网络消费心理学家布伦特·科克所著。
- 揭示人们病毒式疯传行为背后的心理机制,分享产品、品牌及个人一炮而红的成功秘诀。

《学会销售:销售冠军的刻意练习(第2版)》

- 300 多位一线成功销售人员的经验总结,备受销售人员欢迎的销售实战指南。
- 在实践中为客户创造价值,提供见解,成为销售冠军。